來玩吧！

把**藝術**變成
孩子最愛的
23堂遊戲課

張金蓮 著

線條愛跳舞，
跳出五感統合、肢體律動感

紙箱變迷宮，
玩出右腦創意、左腦邏輯力

勇於挑戰，美術革新教法的藝術家──張金蓮老師

──鄭明進／兒童美術教育家

當我拿到書稿時，慢慢地讀了內容，發現這是我看過的有關兒童美育書籍中，最最讓我驚訝，也感到讚佩的一本書。我驚訝的是──作者不是師範教育體系出身，而是一位專注於跨領域創作的藝術家，卻毅然決然的跳進美術教學的工作！張金蓮是媽媽，但變成了老師，是一位深具童心的人，她一頭栽進孩子的美術教學之後，深深地被兒童美術教育工作迷著啦！

張金蓮是位勇於向傳統教學挑戰的藝術工作者，很勇敢的提出自我的一套革新教法。我欽佩她的做事態度──追根究柢、準備充分、擅長收集資料等，而且是有毅力、有計畫性的人。看了張金蓮所設計的「寫詩畫春聯」──好新鮮呀！讀了孩子們創作的詩句，比如：「處處有山，雲在山中間」、「處處有花，人在花中間」，「春天從山上滾下來」、「春天從樹上跳回家」……等等，寫得多自然，多麼富童趣，又充滿詩的韻味呀！

在「人體雕塑」的單元設計中，課程的想法相當具有突破性，其中特別對於男女身體構造的不同，給予小朋友很正確的引導：例如用自然的口吻去敘述身體的構造、功能，尤其是性器官，孩子有權知道──這樣的革新觀念，也讓我想起曾經在台英社擔任圖畫書出版顧問時，推薦了一本純兒童寫作、繪畫的書《寶寶──我是怎麼來的？》，是由法國小朋友以男女結婚、生孩子的內容，在書中以正確圖像畫了爸爸和媽媽的性器官，並且用連續性的圖畫，把媽媽懷孕時肚子裡寶寶成長的九個月變化畫得一清二楚。這本書和張老師的想法是完全一致的，是台灣現代教育革新教學觀念的實現。我更欽佩張金蓮把美術教學的設計範圍，由傳統的偏重在平面繪畫教育，大膽的融入了美術、音樂、戲劇、肢體……等等，使得台灣的小學生不再把學習美術當作只是畫一兩幅畫，而是能夠全身投入，去享受「玩」藝術的樂趣！

張老師在辛苦的教學之餘，「強迫」自己寫文章，把寶貴的經驗和大家分享，完成這本具有革新美術教學觀念的書，它將引發更多老師，從遊戲與生活當中，引導孩子走進藝術世界。

讓孩子開心、老師眼睛一亮的藝術創意

──徐琬瑩／如果兒童劇團創作暨教學總監

這本圖文豐富的藝術書，讓藝術不再只是枯燥的素描或者寫生，而是結合生活中所見，所用的一切，讓藝術可玩樂又能創作！書中用各種方法認識藝術知識，也讓小朋友實際操作，提供創作的各種可能性，讓藝術更豐富更有想像！從書中描述可見作者的活潑風格，這樣的精采教學讓任何老師都會眼睛一亮！相信看過的人都會想試試裡面的練習。這本書也可激發更多的創意，擴大藝術教學的眼界，讓大人小孩更喜歡藝術這門課！

在遊戲探索中，品味藝術美感

—— 翁世盟／台北市中山區五常國小校長

在藝術創作、藝術教育及生活體驗的相互滋養下，張金蓮老師以活潑、豐富、趣味兼具的教學設計，把藝術學習變成孩子最愛的遊戲課。

當代的藝術教育，強調藝術的學習者須回歸生活經驗與文化情境中，認為藝術的學習，不僅可以涵育學生人文素養，陶冶學生藝術性、文化性及生活性的美感經驗，更希望透過扎根的藝術教育，深化學生藝術涵養，培育出具有美感與創造力的學生。在本書的藝術課程中，張

老師不斷從學生的視覺經驗與生活感受出發，引導學生提出自己的見解，不僅能促進學生個性的健全發展，幫助發展潛能，並透過重要藝術名作的學習，認識藝術世界的成就與價值。

欣見這本充滿創意教學與藝術內涵的作品，在引導孩子們探索表現、審美理解、實踐應用的過程中，融入多元的視野，結合學生的興趣與生活，帶給學生廣闊的藝術世界。

愈看愈想跟著玩！和孩子快樂玩出生活感動力、探索想像力！

—— 蘇明進／國小美術班老師、親子天下專欄作家

翻開這本《來玩吧！把藝術變成孩子最愛的23堂遊戲課》，就被書頁中繽紛的色彩、以及豐富的課程吸引。一頁一頁翻著，內心也不自覺驚嘆：原來藝術真的無所不在，生活裡每個角落都是美的足跡！而透過簡單的遊戲方式，就能夠引導孩子感受藝術的美好，讓他們開始投身於創作之中。

很欣賞金蓮老師用結立體蜘蛛網，來讓孩子們架構出瑰麗的迷幻城堡；線條結合音樂、舞蹈，表達內心的情緒；或是用人體、用紙箱變身成迷宮，培養孩子探索的勇氣……一堂堂趣味十足的美術課，讓我看了也好想進到這教室裡一同開心的玩耍。去年帶了三年級的美術班，看到孩子們每天沉浸在色彩的世界裡，享受著創作的樂趣，就深覺他們是幸福的一群。因為

他們比其他孩子更能領略藝術所帶來的深層感動；也因為透過描繪這世界，他們也學會更細膩的觀察能力。

我自己是個沒事喜歡塗鴉的人，雖然畫得不怎麼樣，卻能將不起眼小事變成難忘回憶，而這些作品也同時帶給身邊人許多歡笑。一直覺得台灣社會因為過度忙碌，而失去對生活美感的需求。但藝術就應該像是金蓮老師所展現出來的，是如此的遊戲化、如此的生活化，才能讓每天忙碌的生活，隨時保有想像與探索的驚喜。

我想對我的孩子們和學校美術班老師推薦這本書。一起透過「玩」藝術，釋放那內心強大的創作能量吧！

孩子就是春天
這是一個和春天
美麗的發生

張金蓮

翁清賢／攝影

記得有一句話：「天將降大任於斯人也，必先苦其心智，勞其筋骨，餓其體膚，空乏其身，行拂亂其所為，增益其所不能……」現在我終於明白這句話，是在註解什麼，是母親！學齡前的孩子簡直就是天使與魔鬼的化身。在家裡和教室裡，要馴服他們，可得想個靈活吸引他們的方法。藝術是深植在日常生活中的，剛開始教學時，我便決定從這點出發，希望孩子能透過「遊戲」，進而體認藝術與生活密不可分，很符合現在的九年一貫「藝術與人文」領域觀念，讓美術課是一堂生動有趣的藝術人文知識統合，包含生活教育、音樂、舞蹈、戲劇、詩文、繪畫，以輕鬆遊戲的方式讓孩子自然學習。藉這本書，我試圖拋出一個可能的想法。

然而，每次去演講就有老師問起：「還有《遊戲的天空》這本書嗎？」我只能回答：「絕版，沒有書了！」……看到書的老師總是驚喜，怎麼都不知道有這本書！多麼希望所有老師都知道這本書，就會有更多孩子的學習歡笑聲。它

也適合應用於其他科目，可以給老師們一個延伸的可能性和想法。

這本書曾於 2002 年底由雄獅美術出版，至今已十多年。相信很多人還是會喜歡手裡拿著一本書的實在感，有時在案前閱讀，有時在床上，有時跟著作者去流浪，一種隨時隨地想看就有的心情。於是朋友建議我改寫，加上幾年前台北市立美術館舉辦的兒童藝術教育展，邀我策畫設計的一些教學專案文章，因而重新整理出版。不是師範教育體系出身的我，無師自通、自導自演，和孩子們玩得高興極了！寫出來的東西居然完全吻合現代的藝術人文教育理念。其實，那個用心與愛意，上天知道！！「愛」的道理就是教育的道理，就是這麼「簡單」。

今日再回頭看這本書，20 年前的創想觀念，現在還是那麼新，書裡的愛依然鮮活……是喜悅的！前年，一個不認識的朋友在 FB 回應：這

本書，曾經陪伴著她和孩子好一段甜蜜時光；還有一次到一個地處偏僻的幼稚園，當主任認出我時，臉上帶著驚喜的表情說：「老師，這本書 10 年來一直放在我身邊，常常都還拿出來參考，啟發自己很多。」最近還有一個年輕的國中美術老師說：「這是一本她看過最生動實戰的美術教學，激發她很多教學靈感。」還有讀者說他看了這本書，眼淚流了出來……我心想這是一本充滿歡樂的書啊！後來才知道，原來是媽媽對孩子的那份心意感動了他，只有媽媽的愛，才有這麼大的力量。

只知道當時的我，戰戰兢兢將它視為生命最重要的事，放下自己的創作，注入了所有的時間，因為我要給我的孩子一個特別又有意義、不只是美術課的多元美術課，讓美術課變得創想、生動好玩。一切只因為孩子十歲時一句「好討厭美術課喔！」於是使命感促使我義務到學校教學，為了孩子，我真的願意用生命去換取；待孩子長到了 18 歲這本書才終於完成出版……如今，又過了十幾年。

花了很多力氣、憑著一股傻勁，很高興克服自己的有限，將書完成；而這本書居然變成我對兒子的寶貴回憶（2008 年孩子當了天使）。看到他在書裡燦爛的笑容，啊！每個孩子都不會再說美術課好無聊了！那一段日子也是我和孩子最甜蜜的時光啊！真情記錄、發想，孩子們的反應不斷刺激、碰撞我的奇想，也讓我看見自己另一個喜悅的潛能。但，我怎麼知道生命的無常，也無情的撞擊我。孩子短短的人生裡，扮演了推動我書寫兒童教育的角色，還讓

我一頭栽入發起創辦「炫光計畫」支持 13 ～ 21 歲才氣年輕人創作的公益活動，希望他們的才華能被看見。然後兒子下台鞠躬！人生劇場讓人無法預料。朋友說我的心像 17 歲，還好就是這顆天真的心，讓我在失去孩子後，還能繼續支撐。這本書難道是冥冥中的安排，讓我們母子繼續以這樣的方式和其他孩子交流。書裡的愛和藝術啟蒙會繼續如漣漪般擴展出去，讓其他的孩子上起課，也會有像兒子那般燦爛鈴鐺的笑聲，不斷不斷蔓延著，而我也會打從心裡會心微笑！

一個讀者說：「你的書就是小蜜蜂，從這個人讀到那人，傳播藝術的花粉，各自開出絢爛綺麗的花朵。」啊！孩子，我們變成開心的小蜜蜂了！！這時心裡只是默默的想著孩子，這是他給我的禮物，我們曾經共創的美麗，孩子就是春天，我有一個美麗的春天，這是和春天的美麗發生……

非常感謝野人出版社很勇敢出版這本觀念很新的「老書」，讓這本書可以再度重現江湖溫馨傳遞，實現我一直以來的理想，感謝美編和麗真辛苦費心的重新編排。

謹以此書獻給我的父母，還有天下的父母、老師、孩子，還有我心愛的小春天。

01 會變魔術的筆——— 打破畫筆的限制，具象畫、抽象畫初體驗／12

聊線條 讓孩子想像哪些物件可以變身畫筆

體驗不同材質的筆畫出的筆觸與線條變化

聊抽象畫 舉例具象的寫實畫到抽象畫的變化

小小創作家 教孩子利用不同畫筆的粗細、虛實，以不同顏色的直線、曲線，畫出心情與感受

發現藝術家 篩子當畫筆的德國藝術家——沃爾夫岡·萊普 Wolfgang Laib

02 線條小玩家——— 線上高手，阿拉可尼達／20

聊線條達人 將自然中的線條變化連結到實際生活運用

玩織網遊戲 讓孩子真正動手織出自己的網，實際感受直線如何轉彎、重疊、交叉⋯⋯

03 線條的心情與節奏——— 盡情塗鴉，畫出內心所感所想／24

聊線條 觀察生活中的事物是由什麼樣的線條組成

聽音樂感受各種情緒，再化為線條表現

玩線條 揮舞彩帶，嘗試生氣、高興、悲傷、緊張時，會揮出什麼樣的線條？

看展覽時，從作品線條揣摩創作者的心情

小小創作家 先讓孩子輪流上台隨興發揮，彼此觀摩／再回歸到個人獨立創作

發現藝術家 詩一般的線條——康丁斯基 Kandinsky Wassily

04 線條愛跳舞——— 繪畫三元素，點、線、面的組合／32

聊點和線 串連前幾堂課的重點

線條接龍創作，讓孩子不害怕上台

玩點線面 利用教室桌椅，讓孩子織起一張大網／三人一組，利用肢體創造線條組合

小小創作家 經過線條接龍、織網遊戲，孩子便能無拘束地畫出自己想畫的線條

遊戲預備……起！

看過我上課照片的朋友，常會問我：「你這是在上美術課？」一副懷疑的樣子，因為他們看到的是一張張孩子們或跳舞或在地上滾動，一會兒演戲玩布偶，一下子又在打擊樂器，不然就是變成模特兒，擺姿勢走台步，或是變成非洲某部落的酋長，大家正交談著一些聽不懂的亂語……這有沒有搞錯？

沒錯，這就是我特別為孩子設計的美術課。它綜合了美術、音樂、戲劇、肢體……因為藝術是多元的，和日常生活息息相關，唯有這樣進行，孩子才更能夠體會。

這一系列的課程，大部分上課時可搬開桌椅，排成ㄇ字型，空出中間場地，較好運用整個空間，機動性較高。教室地板先拖乾淨，孩子席地而坐可拉近師生的距離，不妨常常和孩子們有肢體的接觸（如摸摸頭、搭搭肩，找機會擁抱）。

課前的相關圖片資料收集，除了老師先準備以外，也可以課前先預告，要孩子收集，上課時就可以上台分享，培養孩子不怯場的勇氣，訓練表達能力與自信。作品完成之後，盡量讓孩子說明他的作品及想法，讓每個孩子都有發言機會。若時間不夠充裕，就挑三、四個作品精采的孩子。

音樂準備的原則，在孩子進行創作時，一般以聽起來安靜、深入的音樂為主，例如：令人深思的中大提琴、鋼琴，或悠悠的聲樂、冥想的音樂，可以安撫孩子的情緒，幫助他們進入自己的創作。待作品完成後，就可以放些輕快、活潑的音樂，像在慶祝的感覺，這時的氣氛就會往上揚，快樂的分享與結束，有特殊上課的主題時，才選擇相關的主題音樂。

在課程的進行流程方面，每一堂課都是從聊天開始，孩子的心情將會很輕鬆，而歡喜的自然學習。在一個半小時內，聊天（思考刺激的互動）要聊多久？相關的肢體遊戲時間、創作、發表作品、解說、觀摩的時間，都要做精準的分配。通常我會在 20 至 30 分鐘完成思考激盪與遊戲的部分，創作時間至少 50 至 60 分鐘，留下 5 至 10 分鐘作品分享，讓孩子發表想法。

台北兒童藝術節

01 會變魔術的筆

抽象畫初體驗
打破畫筆的限制，具象畫、

- 讓孩子想像哪些物件可以變身畫筆。
- 體驗不同材質的筆畫出的筆觸與線條變化。

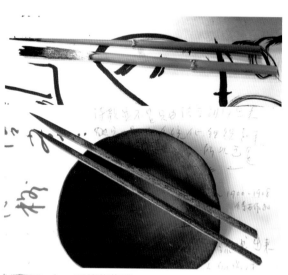

1
2

1. 天然蘆葦筆。
2. 巴里島的畫家會就地取材，將細木削尖、沾墨，畫出很細的線條。猜猜盛墨小碟是什麼做的？椰子殼！猜對了嗎？

準備中

❶ 紙張＝全開圖畫紙（依牆面大小決定張數，貼在黑板或牆壁上）、四開圖畫紙（每個孩子兩張）。

❷ 畫具＝水彩、水彩筆、水袋、調色盤。紅、黃、藍三色，先調好在容器中備用。

❸ 神祕紙袋＝裡面裝著許多意想不到的「筆」。

❹ 圖片＝以抽象畫為主。

❺ 音樂＝輕鬆優美。
艾蜜莉的異想世界；泰雷曼：吉他與雙小提琴的美麗詩情；布拉姆斯：豎笛五重奏。

❻ YouTube 影片搜尋關鍵字＝抽象畫、Abstract Painting、印象畫、Impressionism、寫實畫、Realism、Realistic painting、Wolfgang Laib。

上課前先貼一張全開大紙在黑板上，水彩用具準備好，事先收集一些特別的「筆」，裝在一個神祕的袋子裡，孩子會很好奇的希望知道袋子裡裝了什麼，我們故做神祕狀，剛好可凝聚孩子們的注意力。

一開始，問孩子有哪些筆可以畫畫？等孩子一一發言之後（也可以分組搶答），再以誇大得像個魔術師般優美的肢體，將事先準備好的筆一一秀出，蘸上顏料畫給小朋友看：「廢棄的小紙板，用剪刀剪一剪……沾顏料，便可畫出好幾條粗線。」「樹枝！走到校園中看到樹枝——啊！也可以是一枝有個性的筆！」「糟了！忘了帶水彩筆！剛好有一塊小抹布，哈！也可以代替哦！」「海綿！吸

	2
1	
	3

1. 從校園中撿來的「筆」，畫起來別有一番滋味。

2. 「筆」的變化無窮，想想看還可以變出什麼「筆」？

3. 花樹枝葉變成「筆」，畫出意想不到的筆觸。

水效果真好！沾上顏料，不是蓋的！是枝超級無可取代的 super 變形筆，可畫出尖尖的、扁扁的、不規則的線條，真好用！」「葉子！沒問題，愛怎麼利用就怎麼運用！捲起來，側面還可印出漂亮的紋路呢！」「衛生紙？不會吧？（假裝擦鼻涕）別丟！別丟！沒筆時，衛生紙也很好用呢！」「猜猜看，這是誰的孩子？哪棵植物的種子長這個樣子？誰知道？（快速秀給每個孩子瞧一眼）……原來是檳榔種子！這是放很久風化了的種子，看，表皮都纖維化了，就變成一枝可愛的筆了！若繼續擺在土地上，一段時間就會長出一棵小檳榔樹喔！」

最後拿出橘子：「口好渴啊！（讓每個孩子都可以吃到橘子，一面吃，一面將橘皮沾顏料）唉！連這也可以當筆，線條效果不錯吧？！」「所以，小朋友，是不是所有的東西都可以拿來當筆啊？……」

這時就打開了孩子對「筆」的固有觀念，任何可能性都存在，許多意想不到的答案都會出現，然後要小朋友從身上找「筆」，輪流上台介紹示範，於是手、橡皮擦、鈕扣、衛生紙、印章……紛紛出籠，每個孩子都很得意自己的「創意筆」呢！

和孩子聊抽象畫

● 舉例具象的寫實畫到抽象畫的變化。

接著再展示事先準備好的抽象畫圖片，讓孩子大約了解抽象畫的基本概念。

一般的繪畫大部分都在描繪他們所看到的自然形象，比如人、山、水、太陽、花……加上自己的感受，變成了一幅幅具象繪畫，而抽象畫正好相反，它描繪的是一種真實內在世界的感覺，如何把這個感覺赤裸的表達出來，就是抽象，比如：人家送禮物給你，你心裡喜悅的感覺，如何畫出來呢？或半夜聽了鬼故事，那種毛骨悚然的感覺！或只是單純的描繪一種聲音、歌聲、蟲鳴聲……畫出沒有具體形象的感覺，就是抽象。

此時，再秀出準備好的畫作，加深孩子對具象與抽象的印象和了解。

祕笈大抽屜 Tips

1.《康丁斯基》，藝術家出版社。
2.《現代畫是什麼》，雄獅圖書公司。

❋ 寫實畫

真實生活的觀察，寫形且具象。

©Ganymedes Costagravas@flickr

1
2

1.《拾穗》
   米勒 1857 年／83.5×111 cm
   法國巴黎羅浮宮

2.《春》
   米勒 1868~1873 年／86×111 cm
   法國巴黎奧塞美術館

❋ 抽象畫

打破物體的具體形象，從形狀、線條、顏色透過主觀轉化、表現出事物的內在本質。

1	2

1.《即興 26 號》
   康丁斯基 1912 年／97×107.5 cm
   德國慕尼黑連巴赫市立美術館

2.《我和村莊》
   夏卡爾 1911 年／192.2×151.6 cm
   美國紐約現代美術館

❋ 印象畫

將物體輪廓線條抽象化，改以色彩、光
影變化烘托視覺效果。

| 1 | 2 |

1.《睡蓮‧綠色的和諧》
　莫內 1899 年／89×93 cm 法國巴黎奧塞美術館

2. 巴黎西郊吉維尼花園是莫內 1899 年畫「睡蓮‧綠色的和諧」的地點。

| 1 | 2 |

1. 位於南法亞耳集會廣場 (Place du Forum)
　的咖啡館 (Le Café La Nuit 或 Le Café
　Van Gogh) 原本在二次大戰時已毀損，現
　在的咖啡館是依梵谷畫中場景重建。

2.《夜晚露天咖啡座》
　梵谷 1888 年／81×65.5cm
　荷蘭國立渥特羅庫勒穆勒美術館

《秋》許崴，小朋友用小紙板、海綿、衛生紙、樹葉、橘子皮，完成第一張抽象畫。

看我的！小小創作家

● 教孩子利用不同畫筆的粗細、虛實，以不同顏色的直線、曲線，畫出心情與感受。

小朋友在鳳甲美術館塗鴉牆開心作畫。

最後再給孩子五分鐘到室外找「筆」（順便紓解筋骨透透氣），待孩子精神抖擻的找到「筆」回來，放首輕鬆的音樂就可以開始畫畫。

花樹枝葉變成「筆」，畫出意想不到的筆觸。這美麗的圖畫用了哪些「筆」構成？神奇的「魔術筆」，畫一幅內心的抽象畫。我們可以依當時的心情，用線條的粗細、強弱節奏，或鮮豔、憂鬱的色彩，把情感表達於繪畫上，畫出自己的感受，於是孩子的第一張抽象畫完成了。

小手札 Notes

這堂課希望能打破孩子對「筆」的已知概念，可以充分靈活的運用「創意筆」，來製造一般筆所不能做出的效果。人們常常固守一些想法而變得封閉，很多觀念打破了，新的泉源才能湧現，不是嗎？
在設計音樂課的時候，不妨打破「樂器」的概念；在舞蹈課，打破「身體」的概念；在戲劇課，打破「舞台」的概念……設計課程時，最想打破哪些固守的概念？

幼稚園小朋友玩起色彩，完全沒拘束，自由、開放，色彩很美。

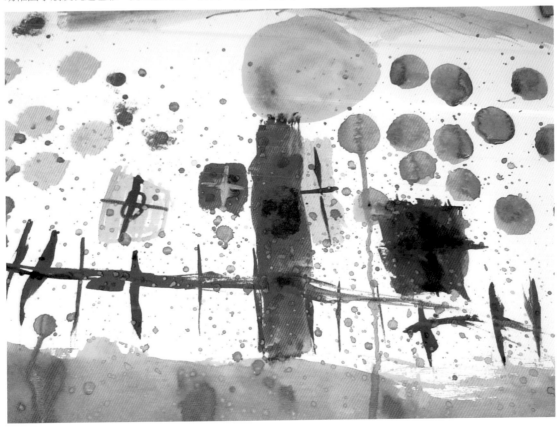

發現藝術家

篩子當畫筆的德國藝術家——沃爾夫岡‧萊普 Wolfgang Laib

©JessyeAnne@flickr

沃爾夫岡‧萊普的「畫筆」只是一根篩子和湯匙，他把「顏料」放入篩子裡，慢慢篩出他想要的作品。除了獨特的畫筆，萊普用的顏料，也不是我們想像中的顏料喔，猜猜看！到底他用什麼奇特的材質當顏料呢？花粉！！試想要完成一件作品需要收集多少花粉啊？

萊普曾是個醫生，但現在的他更像個修行者，散發出從容安靜的氣質。他認為人會生病是因為沒有和宇宙自然連結，而當一個醫生對病人的治療是很有限的，只能醫治局部的身體病痛，那病人的心靈怎麼辦呢？萊普認為藝術對人心靈層次的變化更具有影響力，所以他選擇當藝術家。

從他採集花粉開始，就是在創作作品，他說：「在自然裡，整個收集的行為就是一種冥想，儀式的過程即和自然融合一體。」

他用行動和作品表達出這樣的觀念，而作品也讓我們深深感受到和大自然的共鳴，彷彿我們就置身在那純粹、自然的精神性與空靈裡。

萊普創作因地制宜，從美術館 3~6 樓皆可俯瞰玫倫大廳裡的《榛子花粉》作品。

萊普視創作即修行，收集花粉的過程、篩落花粉的創作過程，都是作品的一部分。

這個作品共使用了 18 罐花粉，是萊普 1990 年代中期開始，在德國南部的家和工作室附近的森林、草原蒐集而來。

無限的海洋

萊普 2009 年
3 萬堆米 + 5 堆花粉
美國芝加哥尼爾遜美術館

02 線條小玩家

線上高手——阿拉可尼達

準備中

① 用具＝塑膠繩或童軍繩一綑、剪刀、家中的小玩偶（動物、人）。

② 圖片＝蜘蛛的相關圖書。
《蜘蛛》，親親文化；《臺灣常見蜘蛛圖鑑》，行政院農業委員會；《台灣蜘蛛觀察入門》，串門文化；《好忙的蜘蛛》，上誼文化公司；《好厲害的蜘蛛絲》，大穎文化；《動物是天才建築師》，商周；《蜘蛛博物學》，大樹。

③ 音樂＝可愛輕快。舒伯特：鱒魚五重奏；馬友友：探戈靈魂；莫札特：小提琴奏鳴曲。

④ YouTube影片搜尋關鍵字＝蜘蛛織網、畫線條、線條藝術、Lines art。

和孩子聊線條達人——蜘蛛

● 將自然中的線條變化連結到實際生活運用

有一天吃中飯的時候，抬頭，看到一隻蜘蛛正勤快的布置牠的求生陷阱，從來沒有那麼仔細去觀察一隻蜘蛛，牠的動作多麼輕巧、靈活，難怪需要八隻腳來分工合作，輕輕一勾，絲就能黏了上去，不一會功夫就織好一幅美麗圖畫……

「相傳古希臘時，有一個非常善於織布的美麗女孩，她織出來的布美得無人可比。但是，這一切看在一個女神的眼裡很不是滋味，善妒的女神，因此揚言要和女孩比賽織布。比賽的日子到了，大家都前來看熱鬧，沒想到女神織出來的布還是比不上這個女孩。大家正為女孩歡呼時，女神一怒之下，將她變成一隻蜘蛛……這是傳說中蜘蛛那麼會織網的由來。蜘蛛的學名叫『阿拉可尼達』，聽說就是這一位美少女的名字，所以下次看到蜘蛛別急著討厭牠，牠的身世很可憐呢！」

說完「阿拉可尼達」故事後，孩子多半都很同情阿拉可尼達的遭遇。這時再拿出紙筆讓孩子畫一畫印象中的蜘蛛和蜘蛛網，再展示蜘蛛構造的圖片，讓孩子比較觀察自己畫的蜘蛛哪裡出了錯，並介紹蜘蛛的習性、種類……這時候，孩子對蜘蛛不知不覺中多了些概念，也沒什麼心理障礙，甚至開始有點喜歡蜘蛛了呢！

©Jäger & Sammler@flickr

©josef.stuefer@flickr

身手靈巧的蜘蛛，用線條織出一張張美麗的求生陷阱。

和孩子玩織網遊戲

● 讓孩子真正動手織出自己的網，
實際感受直線如何轉彎、重疊、
交叉……

接著放一首輕快的音樂，告訴孩子：「讓我們一起來想像，自己是一隻又肥又大又可愛又會結網的蜘蛛……」用家裡現有的縫線或各種線都行，找一個空間角落結一個堅固又創新的網，然後把自己變成那隻狩獵者——阿拉可尼達。孩子的玩偶、恐龍、昆蟲模型……都可以掛在網上，喜歡哪隻「獵物」，就用線把它捆起來。

也可以兩人一組，身體相連，合成蜘蛛的八隻腳，模仿「蜘蛛走路」或「蜘蛛跳舞」的互動遊戲。

這時候，孩子就變成了一隻玩得快樂又忙碌的小蜘蛛，所有的玩具都掛在網上，包準玩一下午還不膩呢！甚至會跟你說：「媽，我們來飼養蜘蛛，好不好？」然後親子一起欣賞寶貝的傑作——一條條橫線、縱線穿越架構出來的瑰麗迷幻城堡！

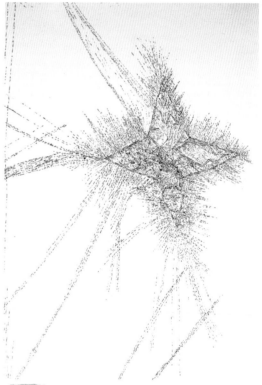

1
2

1. 《鏡花》許雨仁
   畫家看著花，像看著自己，猶如水面倒影，他用細細的筆，點描出自己的世界。

2. 《星星、月亮、太陽》（局部）
   這是藝術家許雨仁獨創風格的水墨作品，將繪畫工具用到極簡，僅用小楷毛筆、細細的線，慢慢一筆筆勾勒。一枝小毛筆就可以完成一個天體，就可以進入線條的迷人世界。

為了結一張堅固的大網，「大蜘蛛」特別專注有耐心。

 小手札 Notes 👑

蜘蛛織網的動作，輕巧靈活又優雅，我想起曾經觀察一鍋發霉的飯，那細細白絲的交織圖案，令人印象深刻，因此有了這堂課的動機。當孩子變成一隻蜘蛛，順便介紹蜘蛛的習性，等於是美術課與自然課結合，並打破孩子對蜘蛛的恐懼，快樂織網，線的架構輕輕鬆鬆進入小腦袋！從孩子對某些生物的「恐懼感」切入，也可以發想出許多課程，例如蟑螂、毛蟲、蜈蚣、蛇……別小看這些小生物，很多科技發明常向牠們尋求靈感呢。

嘿！我是一隻大蜘蛛！

03

線條的心情與節奏

盡情塗鴉──畫出內心所感所想

準備中

① 紙張＝全開圖畫紙（貼滿黑板或牆壁）、四開圖畫紙（每個孩子兩張）。

② 用具＝彩帶三或五條（可向舞蹈戲劇服裝公司洽購）、鈴鼓。

③ 畫具＝油性蠟筆、刷子、水袋、廣告顏料（紅、藍、黃、黑色）在小塑膠盒內調好備用。

④ 圖片＝繪畫的線條、雕塑的線條、建築的線條、人體的線條⋯⋯

⑤ 音樂＝喜、怒、哀、樂、恐懼、夢幻⋯⋯不同情感節奏的 CD。
不可思議的爵士吉他（INCREDIBLE JAZZ GUITAR）；小野麗莎：藍色夏威夷；蓋希文：波吉與貝絲組曲。

⑥ YouTube 影片搜尋關鍵字＝彩帶舞、彩帶體操、ribbon gymnastics、康丁斯基 Kandinsky。

和孩子聊線條

● 觀察生活中的事物是由什麼樣的線條組成。

● 聽音樂感受各種情緒，再化為線條表現。

生活中有哪些東西是和線條有關係的？貓的線條怎麼樣？人體的線條？什麼線條看起來好柔和？什麼線條看起來像是很生氣的樣子？

就從孩子身邊熟悉的事物開始提問，他們會答得很高興，還會搶答呢！一問一答中，又可以輸入一些觀念，讓他們留意觀察身邊的事物。

同時，準備不同節奏種類的音樂讓孩子聽：輕快流轉的、緊張恐懼的、悲傷沉重的⋯⋯讓孩子體會，某種節奏的音樂，適合什麼線條表現？強弱節奏之間，手畫線條的力氣是否不同？也讓我們的身體隨著音樂節奏動一動、扭一扭，用身體直接去感覺。

線條的情感和「節奏」是非常有關係的，節奏的高低、長短、強弱、輕重、快慢，正和內心的情緒起伏情形是一樣的，節奏表現在聲音，就變成了歌唱，表現在樂器上就變成音樂旋律，表現在身體，就是一支舞蹈，表現在平面上，就是一幅幅動人的繪畫。

生活中處處充滿美麗的線條，你還看見了什麼？

1. 揮舞手中的彩帶，就是一條「活」的線條。
2. 我是快樂小線條。（台北市立美術館兒童教育展）

和孩子玩線條遊戲

● 分組揮舞彩帶，嘗試生氣、高興、悲傷、緊張時，會揮出什麼樣的線條？

● 看展覽時，從作品線條揣摩創作者的心情。

引導孩子觀察一下：當我們生氣的時候，畫出的線條是不是很粗，很重？或許還會畫出一個尖銳的角，再來一個重重的點！

生氣時，內在的情緒節奏是不是很「澎湃」、「強壯」，強到想用畫筆穿破畫紙？高興時，所畫的線條有差別嗎？

閉上眼，去感受一下內心，像不像一顆顆跳躍的音符，喜悅的在花園中彈奏，只想飛呀飛，這時的線條，一定是輕快的弧線，或呈波浪、跳躍狀，線條像穿了溜冰鞋一樣，溜來溜去，因為我們的心情是愉快的⋯⋯

想一想，悲傷的時候，緊張、害怕的時候，線條會有什麼不同？這是很有趣的，原來內在的心情節奏，主宰了我們的線條情感。

然後拿出幾條彩帶，線條會跳舞？是的，它真的會跳舞。看過彩帶舞吧？那條長長的線條，跳得多愉快！你的喜、怒、哀、樂彷彿都隨著那條線條在變化。直接把情感表現在彩帶上，讓孩子

1. 這張圖充滿春天愉悅的感覺，小朋友你看了之後有聯想到什麼嗎？
《嬉戲》張金蓮 2007 年／彩墨小品

2. 藝術家以厚實筆觸，想傳達什麼呢？
《白水》張金蓮 2007 年／ 97×180 cm ／水墨

看到一條活生生的線，快樂時舞動彩帶，線的呈現如何？生氣時，彩帶又有什麼變化？……

讓孩子分組玩彩帶，體會情緒如何影響一條線（孩子會玩得很雀躍）。下次有機會去看畫展，或參觀美術館時，可以好好留意一下。嗯！這個畫家的性格是怎樣？他畫畫當時的內心情感如何？心情愉悅還是痛苦的？都可以從畫面的色彩、線條的節奏，解讀藝術家的內在心情呢！

小手札 Notes

美術課裡，一般老師較少用到肢體，其實所有種類的藝術都有互通的關聯性，都可以統合一起，善巧利用，會帶給孩子很大的新鮮感──原來表演舞台上的演出道具，我們也有機會拿在手中玩，又可以做為美術示範！舞動彩帶的片刻，孩子早化為一道一道美麗跳躍的彩虹。製造孩子進入想像的情境，對基礎的藝術培養很重要。

<table>
<tr><td>1</td></tr>
<tr><td>2</td><td>3</td></tr>
</table>

1. 富有節奏感的油性蠟筆線條，加上水彩刷、刷、刷，色彩大膽豐富。（子儀／畫）

2. 小小生沅的畫，像不像一曲氣勢磅礴的交響樂章？

3. 家裡牆面貼張大紙，就可以畫得開心！子儀快樂線條轉轉轉……

看我的！小小創作家

- 先讓孩子輪流上台隨興發揮，彼此觀摩。
- 再回歸到個人獨立創作。

《春的氣息》張金蓮 2012 ／ 97×146 cm 壓克力

和孩子開心玩完彩帶遊戲後，就可以讓他們拿起刷子沾顏色示範線條，可以用誇張的肢體表現害怕，畫出恐懼害怕帶有尖銳的線條；或愉悅、輕快、柔和的線條；或佯裝生氣、火山爆發的線條，之後再讓所有孩子輪流上場表現不同情感的線條。

也可以分組讓孩子拿油性蠟筆，在貼滿全開白紙的牆壁上，隨著不同音樂節奏自由的塗鴉遊走，對孩子來說是很棒的發洩情緒的方法，也會玩得很開心。

等孩子全部上台玩過後，每人再發兩張紙，讓孩子專注在個人的創作世界中，先用油性蠟筆隨著音樂起伏或粗或細、或直或彎的塗滿畫紙後，再用大刷子刷上一層水彩，由於油性蠟筆不溶於水，鮮麗的線條會浮映在水彩上，對孩子而言，這又是一次驚艷的視覺效果呢。

哇！哇！暈染上水彩時，孩子常常發出這種喜悅的聲音！這種喜悅興奮是他們探索發現的，有什麼比創造更令人喜悅的呢？

隨著音樂節奏，自由的塗鴉遊走。

發現藝術家

詩一般的線條——康丁斯基 Kandinsky Wassily

©DiseñoLibre.ORG@flickr

「真正的繪畫，毫無例外都是詩歌，詩歌並不是只由言語創作出來，也是經由內化組織後的色彩創造出來的。所以，畫是進行中的詩歌創作……」——康丁斯基

生於 1866 年的康丁斯基，提醒我們用各種感官去感受現象：聽著音樂，你看到了色彩；看著色彩，又有如音樂般流瀉而出；看著畫，你感受到線條的舞動，甚至品嚐到色彩的滋味，或者彷彿聞到畫裡百合花的香味……

站在康丁斯基的原作前面，我無法形容那種震撼，它不僅僅是一幅畫而已……它真的如他自己所說的，那是由繪畫表現出來的詩，你還真的聆聽到音樂：畫面的右前方是弦樂，遠遠又傳來輕輕的鼓聲，還有風吹過的聲音與痕跡，一道彩虹從畫裡跨越出來……

你只能站在畫前，感動到說不出話來，他的畫有著一首首美麗的詩篇，撼動了人們的靈魂。

印象三號
康丁斯基 1911 年
77.5 x 100 cm
德國慕尼黑連巴赫市立美術館

©mgHAxu9viwsUPg at Google Cultural Institute@Wikimedia Commons

圓形、方形、三角形；直線、弧線、曲線的搭配組合，有如交響樂般豐富而充滿各種節奏層次。

康丁斯基的畫作名稱通常直指單純元素，是為了不讓觀畫者的想像空間受限於畫名，而能直接從畫中看到各種可能性。

黃、紅、藍

康丁斯基，1925 年
128 x 201.5 cm
法國巴黎龐畢度藝術文化中心

右半邊深色構圖複雜以淺黃鋪底、左半邊多線條、淺色則以藍紫色鋪底，不規則的渲染不但有平衡效果，又讓畫面看起來充滿了神祕的想像力。

角的構成

康丁斯基 1930 年
22.3 x 29.5 cm
俄羅斯莫斯科普希金美術館

04 線條愛跳舞

繪畫三元素──點、線、面的組合

- 串連前幾堂課的重點。
- 線條接龍創作，讓孩子不害怕上台。

準備中

1. 紙張＝全開圖畫紙（貼滿黑板或牆面）、四開圖畫紙（每個孩子一張）。

2. 用具＝塑膠繩四綑（依人數多寡而定）、剪刀、不要的布剪成小塊（約10×10cm）、免洗筷、橡皮筋、鈴鼓。

3. 畫具＝墨汁、彩色筆。

4. 音樂＝遊戲時輕快、繪畫時悠緩。世界音樂櫥窗：拉丁美洲。

（鳳甲美術館兒童藝術夏令營）

第二堂以和線條有關的「阿拉可尼達」蜘蛛的故事做「引子」，讓孩子玩線條、認識線條；第三堂「線條的心情與節奏」了解人的情緒和線條的關係；到了第四堂課，則讓孩子盡情玩，並看到點、線、面的結構組成，這時就可開始進入繪畫元素的基本概念。

首先，將牆面貼上大張白紙，再製作一枝筆（用橡皮筋把小布紮在筷子上），並提示第一堂課「筆的魔術師」的觀念，任何材料都可變成筆，所以廢物利用也可以做出一枝筆。

然後，將筆沾墨汁，在大紙上點出很多大大小小的點，或讓孩子上來畫「點」──這個「點」可以是星星、太陽、石頭，或田裡的西瓜，教室裡的大腦袋瓜，讓孩子激發想像力，問問誰還有更奇特的想法？孩子們彼此腦力激盪，有時會有令人驚艷的想法出現，不但能刺激孩子思考，也可訓練他們不害怕上台發言表現。

待大牆面畫了許多特別的「點」的圖形，再讓其他小朋友上台（最好製造每人都有上台機會）將紙上的大、小點串連起，畫出一條長線，發現線與線的交錯，圍成好多個面，就是繪畫的基本原理。

和孩子玩
點線面遊戲
● 利用教室桌椅，讓孩子織起一張大網。
● 三人一組，利用肢體創造線條組合。

從結網遊戲體驗「線」構成「面」的過程。

回憶一下「阿拉可尼達」的故事後，便開始玩大蜘蛛遊戲。

拿出幾綑粗線或塑膠繩，將桌椅搬到四周，利用教室的整個空間，做為「線」的基礎點。然後五人一組，分散四邊，拿著線，像蜘蛛拉絲一樣，玩結網遊戲（放首輕快音樂）。待大家都織完線，整個空間已經變成大蜘蛛網，大家就可以清楚的看到，線條如何生動的被呈現在一個空間裡，想像其中被線條和線條交錯圍起來的「面」，有著各種不同顏色，就像畫線條塗色塊時一樣，只是現在變立體了！

最後，一組一組的小朋友輪流到網中間，老師拍鈴鼓為指令，想像自己的頭、手腳、身體是一根小線條，很僵直的站在那裡，一點感情都沒有，突然聽到輕輕的連續鈴聲，「小線條」開始快樂的輕輕扭動，頭啊、手腳身體都在輕輕的動，看，快樂的線條變波浪狀了……鼓聲愈來愈重，「小線條」的腳步也跟著重重移動，四肢就像機器人一樣呆板揮著。鼓聲停，小線條就停在這個形狀上、不能動喔！靜靜等待鼓聲的下一個指令！鈴聲再度輕快響起，小線條忙碌的移位著，聽到「停！」的指令時，三人、三人成一組，連成一線條畫面，再移動……小線條之間的接觸組合，像萬花筒輕碰一下就有新鮮組合！

‼ 小心注意繩子，勿跌倒，待遊戲結束後，迅速剪掉結繩頭，免得孩子玩興太重，刻意和繩子糾纏。

小手札 Notes

隨手塗鴉的線條，原來背後都有節奏心情，有了這層體驗後，這堂課親自用身體去感受線條的節奏感，試著體會舞蹈的感覺與流動。當線條從平面的畫紙上移到立體的空間時，會呈現出怎樣錯綜複雜的視覺效果？如何用身體來表現線條？……當美術、音樂、語文等科目，和「身體」有了連結，課程也更活了起來。

看我的！小小創作家

● 經過線條接龍、織網遊戲，孩子便能無拘束地畫出自己想畫的線條。

沾個墨汁，回想剛剛的結網遊戲，把線條揮灑在白紙上。

結網遊戲完畢後，發下布、筷子、橡皮筋和四開圖畫紙，簡單的示範如何做出一枝廢物利用的布筆後，讓孩子沾墨汁，在紙上隨意揮灑線條（像剛剛結網的圖像一樣）或任意具象線條的描繪皆可。

待墨汁乾了以後，再以彩色筆在線條交錯的「面」上，塗上色彩，完成一幅繽紛的圖畫！並為畫作命名，比如：「交響樂」、「快樂的小魚」……最後把作品貼在牆上大家觀摩，並輪流上台解說自己的畫。

墨黑的「點」與「線」之間，塗上彩色的「面」，就成了繽紛的圖畫。

讓孩子輪流上台，分享自己的創作。（鳳甲美術館兒童藝術夏令營）

無論具象或抽象，在墨汁與彩筆間，想像力自由飛翔。

05

玩裝置藝術跟線條

立體線條——整個空間都是作品

❶ 紙張＝舊報紙（可請每個孩子從家中帶一份到學校）。

❷ 用具＝彩帶四或五條、鈴鼓、塑膠繩一綑、剪刀、膠帶或膠水。

❸ 畫具＝水彩顏料、刷子。

❹ 音樂＝輕鬆活潑。巴爾托克：管絃協奏曲；《艾蜜莉的異想世界》電影原聲帶。

❺ 書＝延伸閱讀。《看懂設計，你要懂的現代藝術》，大是文化；《現代藝術，怎麼一回事？教你看懂及鑑賞現代藝術的 30 種方法》，臉譜；《台灣裝置藝術》，木馬文化。

❻ YouTube 影片搜尋關鍵字＝董陽孜《騷》、裝置藝術、Installation Art、Georges Rousse、草間彌生。

和孩子玩彩帶

● 加強線的概念。
● 兩人一組，集體創作立體線條。

點、線、面是繪畫的基本元素。最短的線可以是一個小點，再由這一小點無限延伸成一條線；如果把線交集連接，就是一個完整的面，再加上一件色彩的「衣裳」，就是一幅美麗的圖畫，所有的繪畫就是這樣構成的。像拼樂高玩具、玩積木、還有工人蓋房子，都是慢慢一點一點組合，累積出一條條線、一塊塊面，再變成一個形體。這些表現可以是平面的，也可以是立體的……所有的事物、藝術創作，也都是從這個基礎建構起來的。

這堂課我們讓線條繼續延伸，藉由彩帶遊戲，加強孩子「線」的概念。

拿出五條彩帶（視空間大小決定彩帶數），讓十位小朋友（兩人一組）各拿彩帶的一端，開始玩「線」的組合遊戲。

大人當指揮官，以鈴鼓為指令，讓孩子拉著彩帶跑；當指揮官喊停的時候，小朋友要拉緊彩帶，或站，或蹲，或躺，

每個人都來創造一條變化多端的線。（台北市立美術館兒童教育展）

聽到指令全部不動，讓彩帶高高低低穿梭整個空間，呈現線條交錯的美麗畫面。

多玩幾次後，大家逐漸體驗線的流動美感，每次彩帶線條拉出不同位置，心情感受是否也有微妙的變化？注意留意觀察事物始末，一顆細膩、敏銳、感性的心，就是這樣培養起來的。

分組玩彩帶，體會線條在空間中的變化。（台北兒童藝術節，黃雅芬／攝影）

| 1 | 2 |

1. 報紙剪出長長的線條,在教室裡進行裝置。有色彩的線條、有詩句的線條、有波浪的線條、各種形狀的線條……一起裝置在空間中,飛舞。

2. 創造一條線!

看我的!小小創作家

● 讓孩子發揮創意,用報紙創作裝置藝術。

等全部的孩子都玩過彩帶遊戲後,拿出報紙,問問孩子:「有什麼方法可以將方塊的報紙變成線呢?」讓大家輪流發言,各給孩子一張報紙看他怎麼變,任何方法都行,可搓、可揉、可摺、可捲、可撕……充分的讓孩子得到「破壞」的滿足感,只要能夠變成線條,一定要大加鼓勵:「哇!聰明的小腦袋」、「還有誰會變?」……

接著,讓每個孩子拿出準備的舊報紙,剪出自己喜歡的線條形狀,例如喜歡海,就剪一條好長好長的海浪;喜歡星星,就剪出大大小小連成一串的星星。再把

這些線串聯黏起來,變成一條長長的線條。也可以三人一組,一起創造一條生動、彩色、夢幻又創意的線。

完成後就開始著上五顏六色,或在報紙線條上寫字,「字」也是一個個小線條組成的喔!來首即興詩吧!

我是一隻小小鳥,飛到天空去遊戲,看到太陽問聲好,遇到白雲隨它飄,碰到大雨順便洗個澡。

再集合大家創作的「紙線條」,以教室為創作空間,完成一個大型裝置遊戲。一開始,可讓孩子在空間裡先用塑膠繩

除了拼剪一條線，也可捲成紙棍。咦！怎麼裝置好呢？集體創作、同心協力，也可激發彼此的思考力。（鳳甲美術館兒童藝術夏令營）

固定幾條縱線、橫線，待孩子完成線條後，便可將作品掛在塑膠線繩上面，或他們自己有獨到的想法，只要把線裝置在這空間中皆可！下課後讓孩子收拾報紙時，可搓揉成球玩，滿足孩子「破壞」的欲望，但務必先將塑膠繩剪斷，注意小細節安全是很重要的。

或是把報紙搓揉的粗線條，裝置成一個立體作品也未嘗不可，再把作品和環境結合擺置。

小手札 Notes

每堂課程的設計，常逼得我絞盡腦汁──可以變出什麼？生活環境與自然的觀察，常是我靈感的來源，感謝這些小天使，讓我不斷的創造創作，在無中生有的樂趣與苦惱中，感覺生命的新鮮與成長。有些家長不願多付出，但只要心念一轉，今天我們為了孩子，付出一切都是值得的！埋顆種子就會長出一朵花，我總是傻勁的這樣想。

台北市立美術館的藝術家裝置作品。藝術家藉由作品和觀眾互動。

和孩子聊裝置藝術

● 讓孩子體驗作品可以和展示空間相互呼應，甚至讓空間變成創作的一部分。

《看見》張金蓮／漂流木裝置藝術／花蓮松園

✿什麼是「裝置藝術」呢？

這幾年「裝置藝術」（Installation）大行其道，到底什麼是裝置藝術呢？簡單的說，就是把我們創作的觀念，藉由像布置的方式表達出來。比如：用我們的感受把房間布置好，那些地方放置一些東西，讓「物」和空間產生新的關係和感受……表達出我們的想法、創作概念。嗯！「裝置藝術」大概就是這種感覺。

透過特定的場景、空間之設計、創作，帶給參與的人群藝術的氛圍和感受，便是「裝置藝術」的特質。多去欣賞一些藝術家的裝置作品，就更能體會藝術家如何藉由作品表現人與社會和自然的省思。

舉個例子：在一次裝置藝術展示的環境裡，那是一座百年的松樹林，藝術家利用一些草堆、殘枝、松葉，裝置出一隻大眼睛，眼珠是用鏡子的碎片和水來擺飾，讓參觀的人可以從眼睛裡去看到自己，而這隻眼睛也倒映著樹木、飛鳥、藍天，及一切眼前的發生。觀賞的沿途，也放了些碎鏡裝置的流暢波紋線，表示時間的流逝，過眼雲煙，一切都發生在一剎那間。

琳琅滿目的裝置藝術，用不同的視野，讓人大開眼界。

發現藝術家

魔力空間攝影藝術家——喬治・魯塞 Georges Rousse

©Paraty em Foco @ flickr

裝置藝術（Installation art）興起於 1970 年代，透過環境空間的反思、混合各種媒材、概念，讓自己作品在限定的環境空間，表達自己的藝術思維，與空間環境互動產生關連，讓創造的環境空間中產生一種新的議題或精神的有機對話。媒材涵蓋了所有自然材質、生活用品、多媒體等，可表現在各種藝術領域裡。

喬治・魯塞是法國知名攝影裝置藝術家，作品在國際得獎無數。他的作品根據觀眾的所在位置而產生不同的視覺影像，這是非常獨到又有魔力的創作展現，因此在當代藝術中穩穩占有一席之地。

魯塞九歲的聖誕禮物是一台相機，從此相機便沒有離開過他身邊，雖然後來他學醫，但終究還是毅然投入攝影和專業印刷技術。

©alesh_ @flickr

魯塞最令人印象深刻的是 2006 年的 11 件扭曲空間作品（Durham Project-Bending Space），他特意選擇一些古老的歷史建築或是被遺棄的閒置的空間，細細精算丈量，在立體的空間上畫草圖、油漆。步步為營的將作品分解架構在不同空間的結構中。觀眾乍看之下，會有物體變形的感覺，但隨著移動產生不同的視角畫面，慢慢看到藝術家特意呈現的烏托邦世界，改變了我們認知裡的空間和現實，重置加疊了新的影像，讓 2D 的攝影作品生動的呈現在 3D 的建築時空中，並賦予古老廢棄的建築空間有一個新的喻意與生命。

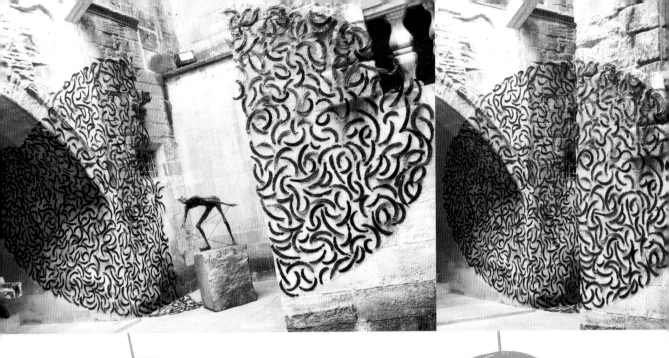

在 3D 立體空間中將 2D 的圖畫解構分離，並隨著建築物的凹凸形狀，形成奇特的線條與畫面。

當觀眾走到某一個特定的角度，就能看到魯塞創造設計的畫面意象。

德罕計畫－扭曲空間
喬治·魯塞，2006 年
11 件舊建築裝置藝術作品
美國新卡羅萊納州

06 平面的構成

變形──形狀的建構、破壞與重組

準備中

1. 紙張＝捲筒衛生紙三或四卷、舊雜誌、彩色紙、西卡紙或厚些的紙、每人一張書面紙。

2. 用具＝雙面膠或膠水、剪刀、美工刀、先完成的一個作品樣本。

3. 圖片＝點、線、面的欣賞。

4. 音樂＝輕快、熱鬧。
巴西巴哈嘉年華；探戈阿根廷；康加鼓王。

5. YouTube 影片搜尋關鍵字＝點線面、draw point line flat、shape art、馬諦斯、Henri Matisse。

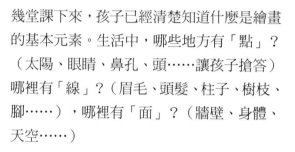

和孩子聊平面

● 觀察自己的頭、身體，有哪些點線面。

幾堂課下來，孩子已經清楚知道什麼是繪畫的基本元素。生活中，哪些地方有「點」？（太陽、眼睛、鼻孔、頭⋯⋯讓孩子搶答）哪裡有「線」？（眉毛、頭髮、柱子、樹枝、腳⋯⋯），哪裡有「面」？（牆壁、身體、天空⋯⋯）

當孩子開始注意到這些問題，在思考與回答的同時，腦中不斷讓點、線、面的基本觀念落實到日常生活裡，藝術和生活才有了關連。

我們每天都會照鏡子，看看我們的臉，頭髮是不是由數不清的線條、密布在一個橢圓形的頭上，然後在一張凹凸有致的平面裡，配上一個高挺英俊的三角錐體鼻子，再加一雙迷人球體的眼睛，粉嫩的紅唇，一對不規則的耳朵──我們的頭也包含在「點、線、面」裡呢！再以我們的身體為例，頭是一個點，手腳、手指頭是較細的線條，身體是粗一點的線條，現在把身體的線條連接，如：手牽手是不是可以變成圓或長的「面」？手插腰，「面」是不是變成三角形？手腳和地面接觸時是不是又產生不同立體的面塊？光是身體線條的組合就能產生多「面」性的立體形狀。

人體的四肢可以藉由互相的接觸連結，變化出不同形狀，像萬花筒般，這實在很有趣，孩子也會不斷思考創造身體的可能性。

和孩子玩變形遊戲

● 利用身體的變化與連結，創造不同形狀。

接下來讓孩子利用自己的身體玩各種遊戲，除了可以發現身體的各種可能性，讓孩子上台演練，還可互相激發創造力，看看別人的動作，想想自己：

❋ 身體變形記

接下來，請一個小朋友出來，蹲下來，就是一個點，站起來變成線，雙手環抱變成面。

連接許多小朋友，就可以變化出許多畫面和遊戲，手拉手變成長線，跑一跑，線流動了起來，時而快，時而慢，有輕，有重！

老師可以拿鈴鼓當指令，或由一小朋友發號施令，就有了韻律感，一幅活生生

的畫就呈現眼前！而活潑生動的圖畫裡，我們也可以看到舞蹈的律動，就是這樣從遊戲中讓孩子不知不覺吸收了美學的常識。

❋ 面紙滾滾滾！

再讓孩子們圍成一個大圓，拿出三卷捲筒衛生紙（三個點），由三方小朋友將衛生紙按住一頭，滾向對面（小朋友會看到一個點變成一條線），小朋友接住後再將衛生紙滾至其他小朋友⋯⋯轉彎、再滾到別處，然後看到線與線交錯形成面的畫面。最後，再讓他們把用完的衛生紙捏成一個球（點），投來投去，拋出一個個拋物線，玩鬧一番。遊戲結束後，孩子對於線→面的概念就更清楚了。

把舊雜誌由大的「面」撕成小的「面」，再拼貼成一個大的「面」，畫面原來也可以如此豐富。

看我的！小小創作家

● 讓孩子先撕開平面、重組、拼貼，
  再建構新的形狀。

試試看，不拿畫筆著色，改以剪或撕的方法，用「面」來創造一幅畫。

這次我們不拿畫筆著色，改用剪或撕，一起來嘗試不用筆也能創造美麗畫面的經驗，甚至想辦法讓畫面「站起來」，看看畫面會變成什麼感覺！

發下紙讓孩子撕貼舊雜誌，將大面撕成小面，一塊塊分解之後，再把面和面拼湊起來，組合成自己想要的規則或不規則形狀，這時就是考驗孩子的組織能力囉！

抽象或具象的表現都行，重整新畫面；或拿張卡紙構思，割上幾刀，把這些線條摺出來或黏貼拼合，變魔術般的從平面創造一個立體空間。動動腦，嘗試各種可能，就會發現「創造」的迷人之處。

©ellenm1@flickr

1	
2	3

1. 鏤空式的剪紙，呈現的是另一種凹凸的美感。

2.《獅子 A》夏陽 2000 年／ 65×58×45 cm 不鏽鋼。（誠品畫廊／提供）

3.《女人 A》夏陽 1999 年／ 25×14×10 cm 銅。（誠品畫廊／提供）

藝術家夏陽，運用不鏽鋼和銅片的「平面」，創作了立體而生動的作品，原本材質堅硬的鋼、銅，居然也可做出生動的線條組合成神似的造型，這就是藝術家厲害的地方了！

發現藝術家

平面魔術師——亨利・馬諦斯 Henri Matisse

©LOC@Wikimedia Commons

「我對色彩的選擇是不依據科學理論的：它是由我對物的觀察、感覺及我的情感經驗來的。」

——馬諦斯

如果你很喜歡剪紙或畫畫，那就一定得看看 19 世紀偉大的畫家馬諦斯的作品，他的作品涵蓋了繪畫、剪貼、雕塑等各種創作形式。

年輕的馬諦斯因為患了盲腸炎，治療很久都不見好轉，媽媽便送他一盒顏料讓他消遣，沒想到因此改變了馬諦斯的一生。他因為生病，卻找到了「天堂」，一個讓他喜悅、放鬆、自由的精神王國，開啟他一生繽紛的繪畫生涯。

一直到 71 歲，馬諦斯又因為生病，無法離開病床，因緣際會下轉而以剪紙創作。

這些作品簡單純粹，充滿音樂性的形體與色彩，讓人回到單純、明晰、寧靜、愉悅的內心，釋放了人們生活中的緊張，可以像小孩子般天真的眼睛去看世界，這就是藝術家驚人的力量，也是他最偉大的成就。

小朋友你可以把複雜的畫面簡單化嗎？向大師學習，看馬諦斯只是用簡單的線條和大面積色塊來表現，卻又能做到簡約鮮明流暢、觸動人心。

@giuliaduepuntozero@flickr

各種高度飽和的顏色，在馬諦斯的剪紙拼貼下，顯得和諧而生動。

> **蝸牛**
> 馬諦斯 1952 年
> 287 x 288 cm
> 英國倫敦泰德畫廊

兩個老天

馬諦斯做一件東
卡索用同樣時間

●馬諦斯和畢卡索都是
家，馬諦斯活了八十五歲
九十二歲。兩個人都是老祖
歡逗孫子的好祖父。二次
在蔚藍海岸兩家互訪，兩個
孫子、兒子都對彼此留有深
象。

馬諦斯的外孫克勞德‧迪

翻拍自個人收藏《解放年代，現代派 3 傑 (馬諦斯、畢卡索、康丁斯基)》閣林國際圖書出版 (張金蓮／攝)

馬諦斯以這幅精采的
最後作品，向世界做
最後告別，整幅作品
色調強烈，剪貼出他
多采豐沛的一生，畫
裡音樂和舞蹈圖像，
都是他最愛的元素。

圖畫視覺中央位置的橢
圓黑色塊，他將自己化
身為黑夜國王，心裡哀
嘆生命即將走到最後，
手拿著吉他，象徵他最
喜愛的音樂。

國王的悲傷

馬諦斯 1952 年
67 x 90 cm
法國巴黎龐畢度藝術文化中心

像葉子又像火焰的黃色
塊，猶如抽象人體穿著
鋸齒狀線條的舞衣、跳
著歡愉的舞蹈，彷彿在
為生命做最後的慶祝。

馬諦斯這幅《玻里尼西亞的一天》，透
過海與天的藍、飛鳥與水草的形象，交
織出詩意般的心情。

©La case photo de Got@flickr

les bêtes de la mer.
H. matisse 5

©kaitlin.marie@flickr

爵士樂

馬諦斯 1946 年
41.9 x 26 cm
法國巴黎龐畢度藝術文化中心

野獸海

馬諦斯 1950 年
295.5 x 154 cm
美國華盛頓區國家畫廊

藍色裸女 II

馬諦斯 1952 年
116.2 ×88.9 cm
法國巴黎龐畢度藝術文化中心

©Eljay@flickr

馬諦斯對於形象輪廓與顏色運用的簡練功力在晚期的剪紙
創作表露無遺，構圖簡單、線條俐落，卻又充滿想像空間。

07 仙那度的空間

想像空間，從平面到立體

©Malinda Rathnayake/pixabayNCXH

準備中

1. 紙張＝每人一張書面紙。
2. 用具＝雙面膠或膠水、剪刀、美工刀、先完成的一個作品樣本。
3. 圖片＝各種空間感、想像力的圖片、超現實主義藝術家作品，如夏卡爾、達利、米羅。
4. 音樂＝悠揚抒情的情境音樂。馬修連恩：海角一樂園、狼。
5. YouTube 影片搜尋關鍵字＝空間、互動空間體驗、Space、Experience 3D。

和孩子聊空間

- 先建構孩子對實體空間的認知。
- 再引導孩子發揮想像力，讓空間無限延伸。

這堂課孩子談的是空間的認知。為什麼取名「仙那度」（Xanadu）空間？它到底象徵什麼？其實，它是蒙古帝國忽必烈建造的宮殿名稱，聽說建築金碧輝煌美輪美奐，18 世紀英國詩人曾寫詩歌頌那是一個完美、充滿異地情調的心靈理想世界，又虛幻又真實的多重空間。

哇！這會是個怎樣的世界？這時找幾個孩子試著讓他想像，他喜歡的理想國是什麼樣子？「這一定是一個非常美麗刺激好玩的空間，像個遊樂場」、「這裡所有願望都會實現」……然後引領孩子了解所謂的「空間」，是可以分成外在物質空間和內在精神空間。

©Cea.@flickr

《綠洲》
達利 1946／36 × 59cm
達利的作品傳達了「由佛洛伊德所揭示的個人夢境與幻覺」。

❀什麼是外在物質空間呢？

我們在自己房間裡是一個空間；家，空間大一些；學校，空間更大了；巨蛋、迪士尼樂園、一個鄉鎮、國家、地球－太陽系－銀河系－宇宙……空間可以無限大，大到我們在空間裡變成一個小黑點，甚至我們不見了！怎麼會不見了呢？想像乘坐太空船進入太空，越飛越高，房子越來越小，一下子衝向太空、看到地球、地球一下子變成繁星中的一顆星，你在哪裡？就像你的血液住在你身體的空間中，血液無法說：「我要自由逃離身體的空間」，若能這樣，

這兩者都無法生存，我們必須創造一個好的空間環境，因為每個空間都是環環相扣、生生相息的，物質的空間也會轉化形體，如：冰融化變成水，水遇熱變成水蒸氣，升上了天又變成雲下起雨來；花謝了會結果，種子落到地下又長出樹；毛毛蟲不知道有一天會變成蝴蝶，牠只顧著吃葉子，吃著吃著有一天睡著了、動也不動變成蛹，在蛹裡面發生了神祕的變化，牠居然還會飛，變成蝴蝶，住在一個蝴蝶形狀的空間裡，空間世界真的好奇妙！

©Matt Laws@flickr
©Tuzemec/flickr
©Loz Flowers.@flickr
BRIAN WILLIAMS / EXSOLAR CORP.

1. 只要我想像，什麼東西都可能變出來：發明家、藝術家、作家……都是。

2. 草間彌生利用不斷反射的鏡子、在黑暗空間有無數光點，創造出一種驚奇、充滿幻覺的空間裝置藝術。

❋什麼是內在精神空間呢？

這空間非常不得了，像變魔術般可大可小。通常我們是透過感官構成空間概念：讓我們閉上眼聽聽看，啊！聲音有遠有近有重有輕；這巨大的撞擊聲音，好可怕啊！我可能會面臨危險呢！聽覺可以協助我們架構一個空間概念，我們的五官都可以刺激我們豐富的想像力，所有的發明都是從這裡為起點，像飛機，因為人看到小鳥自由自在飛來飛去，啊！我好想飛啊！然後飛機就發明了。人多麼了不起！因為我們會以想像來擴展自己的理想，原來所有曾經的幻想、美夢、記憶，都會讓我們跳入

自己內在不同的時空裡。這就是內在精神空間。

生活中，音樂家、作家、藝術家、發明家、科學家藉由作品等媒介傳遞了他們的思考、啟發我們，我們藉由看電影、展覽、書籍、童話故事，進入並分享了別人的心靈空間，這些都是想像、創造力將內在抽象的心靈空間轉換成實際的具象空間。

等小朋友有了空間的基本認識後，便可以開始跟孩子玩遊戲囉！！

| 1 | 2 |

1. 我變變變，我是飛碟！
2. 老師問：「你現在變成什麼了？」「猴子！」

和孩子玩空間遊戲

● 用觸覺體驗空間的大小、遠近。
● 用肢體、繩子，創造想像空間。

我是孫悟空72變

每個人都是孫悟空，當老師說：「跳跳跳……變！」這時抽問幾個小朋友變成什麼？孩子會很興奮爭相發言：我變成樹、老虎、椅子……大約原地變3次，即可讓孩子有變形概念，也讓孩子運動了肢體。

用觸覺探索空間

兩人一組，A當守護小天使，帶領並保護B別讓其他人碰到；B要閉上眼睛，讓小天使A帶你用身體探索整個空間：讓手、手臂、腳、全身皮膚的觸覺感知不同空間的樣貌。哇！不用眼睛看，感覺整個空間放大了，得走105步才能繞

教室一圈、花30秒才經過兩張桌子……哎喲！碰到的那個軟軟、綿綿、細細的到底是什麼呢？

創造空間，再超越空間

拿出預備的繩子先固定教室各角定點，分組讓孩子拉線、交錯，共同創造呈現另一空間景象，讓孩子自由穿越交錯出來的空間，每人可占據一格，再利用打結，將周遭附近的小空間再做變化。最後，還可讓孩子躺在地上，欣賞自己和同學們一起創造的實際空間，再讓自己的想像超越繩子的限制，想像穿過這個空間，我想到哪裡去？那裡有什麼驚奇的事物？編一個冒險故事……

1. 台北當代美術館「仙那度變奏曲」兒童藝術課程活動。

2. 閉上眼,讓我們用豐富的觸感,去感受生活周遭的一切。摸一摸,那是什麼?
   那個圓圓的、尖尖的、粗粗的、平滑的……

3. 我們用線來區隔不同的空間,孩子穿梭在空間營造裡,還可以躺在地板上,換
   個角度看看熟悉的空間,另有一番體會。

孩子正專注於自我「空間」的創造裡。（當代美術館兒童藝術夏令營）

看我的！小小創作家

● 透過平面紙張，架構立體世界。
● 運用想像力，讓空間變得更獨特。

遊戲結束後，孩子已對空間有豐富且新鮮的概念了，這時可以問他們剛剛的感受，張開眼和閉上眼的心裡感覺，或我的皮膚接觸地面時，我的觸覺跟我說了些什麼？讓孩子回憶剛剛的感受並想像。

接著，再開始示範如何用簡單的紙板、剪刀、建構一個四方體的空間，如：盒子、房間、遊樂場等；再切割一個弧型摺些橫線，手中的紙起了什麼變化？

再一人發一張半開或全開的書面紙、用剪刀、膠帶將紙剪出形狀，盡量呈現出我們內心裡空間的想像世界。此時可以播放輕鬆愉快節奏的音樂，幫助孩子聯想，讓他們在一個輕鬆愉悅的時空裡，天馬行空的自由想像，慢慢將想像凝聚在創作上，待

作品完成，讓孩子為作品命名，如：歡樂魔法森林、小精靈的家……並邀請孩子和同學分享自己創造的奇妙世界。

小手札 Notes

從平面到立體，讓一個面「站」起來，這概念對一個中低年級的孩子是滿抽象的。但當老師信手拿張紙切割或摺疊，很輕易的讓紙「站」起來，而且還很有「形」——你會看到孩子驚訝的眼神，感覺自己像個魔術師！面的概念也可與數學領域相結合。這堂課讓孩子體驗豐富的感官感受，原來身體五官扮演著這麼重要的心理與物質的媒介，看著一張張好奇的小臉，喜悅歡樂寫在每個人的臉上。

發現藝術家

魔力建築空間——安東尼·高第 Antoni Gaudi

©Pau Audouard@wikimedia

說到空間，就想到建築；說到建築，就想到西班牙全世界知名的建築藝術家安東尼·高第。當一個藝術家，想法總是與眾不同，他能夠提出新的視野、影響未來，所以才能留下不凡的創作。

高第出生在一百多年前（西元 1852 年），小時候因為生病沒玩伴又內向，於是他把注意力都放在觀察大自然，沒想到卻成為他設計獨特建築風貌的養分。他說：「直線屬於人類，曲線屬於上帝。」因為他觀察到在大自然裡沒有純粹的直線，而他的建築元素就一直依着這個主軸，不斷的在自然裡尋求靈感，捨棄傳統的建築樣貌，運用磁磚、馬賽克的變化，不斷創新，樹立了獨一無二的瑰麗風貌。

仔細觀察高第的作品，你是不是很難找到直線呢？他設計建築就像創作雕塑一般，充滿了活生生植物般的曲線，再搭配著錐體、貝殼殼般的螺旋體、拋物曲線，自由變化出各種奇特造型，激發觀者無限想像力，也深深影響後代的建築設計。還好他碰到了知音支持賞識他的才華，而他也以熱情回報，創作出許多令人驚艷讚嘆的驚世之作，他的建築作品已有七處被列入世界遺產！若到西班牙旅遊，一定要向高第這位空間魔術師深深致意，好好欣賞他魔術般華麗、別致，有著強烈個人風格的大師建築。

> ### 聖家堂
> 高第 1882 - 年
> 西班牙加泰隆尼亞
> 巴塞隆納

©Keith Roper@flickr

©SBA73@flickr

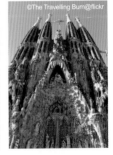
©The Travelling Bum@flickr

米拉之家

高第 1906 － 1912 年
西班牙加泰隆尼亞巴塞隆納

米拉之家最大的特色是整棟房子是由柱子承重，窗戶得以設計大採光窗，每一戶的空間與配置也都不太相同。

高第的建築作品大量使用能展現生命力的曲線，米拉之家即為一例。

米拉之家有三個採光中庭，每一戶都有兩面採光。

奎爾公園大量運用了磁磚與馬賽克拼貼設計。屋頂展望台的蛇形長椅，也展現了曲線的美感。

©tltoptikmail@flickr

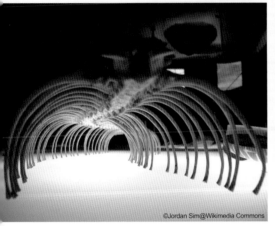

©Jordan Sim@Wikimedia Commons

米拉之家屋頂依舊是曲線構圖，上面有 30 個造形奇特的煙囪。屋頂內部採拱型龍骨架構，可調節整棟建築物的溫度，並營造出高低起伏的趣味。

©matze_ott@flickr

08 迷宮的想像

設計平面迷宮——激發孩子想像力

準備中

① 紙張＝四開圖畫紙（每個孩子一張）。

② 畫具＝彩色筆。

③ 工具＝事先製作一張半開或全開的迷宮路線圖。

④ 圖片＝各式迷宮資料。「知識大迷宮」系列有：故事迷宮、昆蟲迷宮、宇宙迷宮、進化迷宮、古文明迷宮、世界遺產迷宮、神話傳說迷宮，小天下。

⑤ 音樂＝遊戲時輕快，繪畫時悠緩。林姆斯基·高沙可夫：天方夜譚組曲；拉威爾：庫普蘭之墓；史特拉文斯基：火鳥。

⑥ YouTube 影片搜尋關鍵字＝迷宮設計、maze design、maze。

和孩子聊迷宮

● 讓孩子回想玩真實迷宮身陷其中的感覺。

「迷宮」是激發孩子想像創造力的好方法，這堂課先讓孩子發表迷宮概念，玩人體迷宮後，再讓他們創造驚險的迷宮設計圖畫即可。

事前先蒐集好各式的迷宮圖形資料（課前也可讓孩子先收集不同的迷宮），一一向孩子展示，先拿一張最簡單的，順口說：「這張迷宮未免太不刺激超無聊的，你們覺得呢？」有的孩子就會接口：「是嘛！好幼稚喔！」這樣孩子就「中計」了！他們便不會敷衍亂畫。

展示之後，孩子的概念更清楚，再拿出已做好的全開迷宮路線，請孩子循線走走看，大張迷宮的「視覺效果」很好，可以引起小朋友好奇，也是吸引孩子加入的方法。

再問孩子們走迷宮的經驗感想，老師們可以繪聲繪影的加強迷宮感受，讓孩子感覺他現在就身處在迷宮內。例如：進入鏡子迷宮時，四處都是自己的反射投影，好像隨時會出現別人的影像，好像鬼呦！嚇死人了！還有用樹排成的迷宮，越走越像進入陰森森的樹林而不知去路；也有用磚牆排列圍成的迷宮，走來走去到處都是死巷，令人有窒息的感覺……

©joncandy@flickr

©jared@flickr

©mikecogh@flickr

世界各地都有各式各樣引人入勝的迷宮，挑戰自己！一直是人類的最高欲望。

有趣的自創「人體迷宮」，探索肢體的可能性。

和孩子玩人體迷宮

● 探索身體、和同伴合作，一起
　搭山洞。

雙腳打開變成「山洞」，「山洞」排一排，變成一條「隧道」。

當孩子整個心情開始蠢蠢欲動時，配上音樂，把教室桌椅搬開，空出中間的場地。

大家可以原地圍成一個大圓，動動腦，回想之前，從身體姿勢變化發現塊面遊戲中，兩手插腰是不是有兩個三角形的「洞」？手掌相握，手臂向外拉開，就出現圓圓的洞⋯⋯同樣的，今天我們繼續探索身體，去發現更多的「山洞」，現在來實驗一下！

每人做一個和地面接觸的山洞！可以站著雙腳分開，這樣腳和地面就有一個「山洞」了，你也可以彎腰雙手觸地，是不是又變成一個山洞了！想想看，還可以變出什麼山洞？或者兩人一組、三人一組，利用我們的肢體去連接別人的手啊腳啊或身體，看看會形成多少的人體山洞？最後也可以全班分成兩大組人，一組做山洞迷宮組合，一組穿越，兩組輪流替換玩，互相挑戰誰花最少時間穿過山洞。

大家集體創造的人體迷宮，開始穿越囉！（台北兒童藝術節，黃雅芬／攝影）

遊戲中的孩子，肢體的接觸、感受身體不同的觸感。大滾輪動！滾啊～哎喲！真好玩！

或者全班一起排一列長火車，站好腳打開，接著我們要穿越自創的「人體迷宮」囉！由最後一個孩子開始趴下向前穿越其他同學的大腳山洞，剛被穿越過的孩子也一個接一個跟著趴下匍匐前進。待第一個孩子通過全部的山洞後，馬上站起來腳打開，加長山洞的長度，讓別人穿越自己的山洞，隊伍就能繼續延續下去，一個接一個無限延伸……

身體的接觸，還可以有些什麼變化呢？
（台北兒童藝術節）

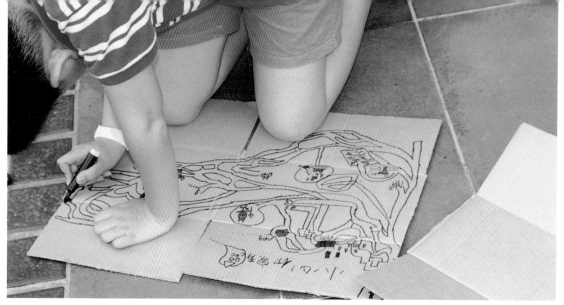

小心你家有「阿飄」，小朋友如是說，如是如是迷宮。（故宮博物院兒童藝術夏令營）

看我的!小小創作家

● 提醒孩子可以設計主題迷宮、關卡設置也和主題相呼應！

TESSERACT'S MAZES "FIREWORKS"
HAPPY

待大家玩完人體迷宮遊戲，整個氣氛已達到最高潮，這時藉由發下紙張時，和孩子聊聊迷宮裡面可以設置什麼機關，加強迷宮的難度，旋轉門、炸彈、鏡子……漸漸讓孩子靜下心來設計自己的獨創迷宮，哪裡安排一些機關陷阱？哪裡放些寶藏？

畫完後，每人為自己的迷宮命名，比如：大魔域迷宮、古堡迷宮、恐龍迷宮、鬼城、史前巨鱷迷宮等等，再留一點時間，讓孩子互相交換彼此的迷宮遊戲玩耍，炫耀自己的迷宮陷阱，在歡樂中結束這一堂課。

小手札 Notes

可以在地上爬來爬去、滾來滾去，是一般家長和老師禁止的，因此這堂課從頭到尾，孩子都興致高昂。偶爾開放一下，只要地板拖乾淨，何妨讓孩子回歸小動物的本性，可以消除他們上一整天正經課的「疲倦」呢！迷宮的主題也可以延伸到對於迷路經驗的探討。

玩過了「人體迷宮」遊戲，在紙上設計自己的迷宮。

紙上作業的迷宮，自己想像創造。先過我這關！！

©AnnLoHY@flickr

©Eric Fischer@flickr

09 紙箱變迷宮

立體造型——紙箱的組合與展開

準備中

1. 紙箱＝每個孩子一個，可請孩子自己準備。
2. 工具＝美工刀、雙面膠、剪刀、一個紙箱迷宮的成品。
3. 畫具＝廣告顏料、刷子、容器。
4. 音樂＝德布西：海；史特拉文斯基：木偶；柯普蘭：阿帕拉契之春。
5. YouTube 影片搜尋關鍵字＝立體迷宮設計、3D maze design、box maze design。

和孩子玩紙箱

● 可利用挖洞鏤空、切割展開，變化造型。

記不記得小時候沒事就喜歡躲在床下、桌子、椅子下？或用一塊布蓋起來像個山洞，躲在裡面安全又刺激，有時家裡新買了電器用品，那大大的紙箱總讓人迫不及待的要躲進去，這好像也是我們「動物」的本能之一。這堂課我們來重溫小時候的回憶。

玩過了平面的迷宮，孩子一定意猶未盡，這堂課要進一步挑戰立體的迷宮。同樣的迷宮結構，從平面的迷宮設計引導至較複雜的立體紙箱造型，已進入基本的雕塑概念，銜接了「面」的延伸、塊面的立體概念。

首先，先拿出一個拆開的紙箱平面，在孩子面前慢慢的組合成一個紙箱（可加入數學概念，六個平面，組合成一立方體）。喔！平面可以是這個方式「站」起來。還可以怎樣變化呢？正擺左擺，顛倒放放看，拿美工刀切切看，「面」被分割，視覺經驗又被改變了，再割一刀……哇！「破壞」的同時也是「創造」！孩子會有很大的樂趣和成就感。

然後，拿出我們事先準備好，早已上色、切割成造型的紙箱迷宮，很臭屁的「秀」給孩子看，並繪聲繪影的說明這個「迷宮」的名稱，最厲害的機關在哪裡？那個「武器」的功能如何？小心陷阱毒液藏在哪邊……等。

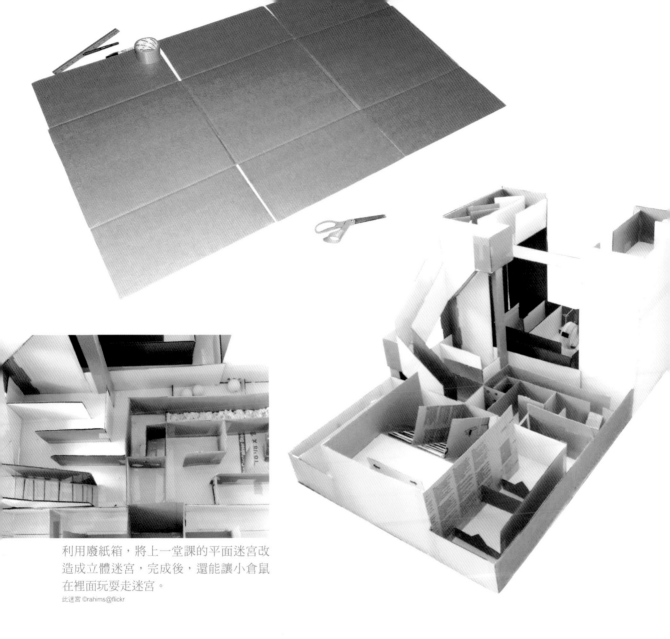

利用廢紙箱，將上一堂課的平面迷宮改造成立體迷宮，完成後，還能讓小倉鼠在裡面玩耍走迷宮。
此迷宮 ©rahims@flickr

利用多個大型紙箱組合成一個蛇形迷宮，可設計鏤空採光罩，以及嚇人的殭屍關卡。
此迷宮 ©edenpictures@flickr

玩過了「人體迷宮」遊戲，現在我們在紙箱上設計自己的迷宮。啊！我最愛的蝙蝠俠迷宮完成了！

小手札 Notes

孩子很敏感的，作品分享時，千萬不要虛偽的「假裝」你很喜歡，不要敷衍他們，若作品有潦草不用心的地方，可以徵詢的方式建議，例如：如果加點什麼，你覺得會不會更好？……這地方，結構若強化一點，壞人來了就不會垮掉，垮掉太可惜了！如果孩子說得出自己的主見與堅持，我們亦當尊重他。

	2
1	
	3

1. 經過美工刀的切割，紙箱的造型變化無窮。

2. 挑戰造型能力，充滿「機關」的紙箱迷宮。

3. 最快樂的事，莫過於專注在創造中。

把完成的紙箱組合起來，變成一個超酷超炫的大迷宮。

看我的！小小創作家

● 創作前先讓孩子想像迷宮陷阱要設在哪裡？有什麼獨門法寶？

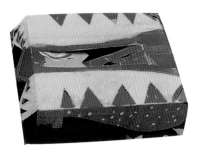

這是什麼造型？哇！原來是甲蟲迷宮。
右上圖為展開後的甲蟲。

接下來，就是孩子上場秀創意囉！注意！提醒孩子「設定主題」很重要，在製作前的想像構思可以讓作品更有獨特性。如果家裡有很多的蝙蝠俠玩具，或許可以設計一個蝙蝠城堡的迷宮，讓貓女或小丑先生，從我的蝙蝠大門開始一步一步進入我精心設計的陷阱裡，然後羅賓和蝙蝠俠從空而降……耶！

再提醒孩子製作迷宮時小心使用工具，廢物別亂丟，上色水彩勿蘸過多而把顏料滴得到處都是……之後才發下紙箱、材料，大家一起動動腦。
待全部孩子完成作品，讓他們展示介紹

自己的超炫迷宮，可以分組，五個人一起帶著作品上台，一個個問孩子：「這是什麼迷宮？好像很厲害耶！」問他們設計的迷宮有什麼特殊功能及創新獨到之處，讓孩子有機會上台發言，表達他的創意想像和得意的作品。只要他的想像能實踐出來，不論作品完整與否，都要找出作品中最好的那一部分，加以鼓勵與肯定，甚至用肢體讓孩子知道你好喜歡，你很賞識。

待孩子全部發表完畢，讓所有小朋友把自己的迷宮全部組合起來，變成一個超酷超炫的大迷宮（最後集體完成）。

10 雕塑

人體生命力

認識身體 —— 發現姿勢曲線的美感

這是法國藝術家盧梭最具代表的作品《夢》（局部），原始森林中開著奇花異草，還有好奇的動物看著一個躺在華麗沙發上凝視遠方的裸女。他的作品充滿天真詩意，非常適合小朋友。

和孩子聊身體

● 認識身體部位，感受線條與肌肉美感。

準備中

❶ 紙張＝A4白紙、報紙（捏塑時可墊在桌上）。

❷ 工具＝鉛筆、陶土、簡單的雕塑工具、噴水罐。

❸ 圖片＝舞蹈、繪畫、雕塑等人體藝術。

❹ 音樂＝優美、寧靜。世界音樂櫥窗：拉丁美洲；中央車站（CENTRAL DO BRASIL）電影原聲帶；楊・提爾森：燈塔。

❺ 閱讀＝觀察藝術家們怎麼表現人體？各類藝術雜誌裡的人體雕塑；《人體結構與藝術構成》，魏道慧；《體積與空間：雕塑藝術在欣賞》，視傳文化；《大師教你畫素描》系列，楓葉社文化。

❻ YouTube 影片搜尋＝羅丹 Auguste Rodin、亨利・摩爾 Henry Moore、波特羅 Fernando Botero。

對於國小半大不小的孩子，讓他們觀察身體，會勾起他們很大的興趣。我們的教育裡，身體一直是個「曖昧」的區域，仍不乏有人認為牽手、親嘴就會生小孩等謬誤。

這一堂課，引導孩子仔細觀察自己的身體構造，男孩女孩外型上有什麼不同？這時孩子會七嘴八舌開始發表：「男生的骨頭比較大」，也不一定啊，女生有的塊頭也很大；「男生聲音比較粗」，去聽一聽，男孩在沒長出喉結以前，小朋友的聲音是差不多的啦！「男生有ㄐㄧˋㄐㄧˇ」、「女生有奶奶」……「女生會生小孩」「有什麼了不起，哼！可是沒有男生，女生就沒辦法生小孩啊！」「就是嘛！」……

@karen_nechi@flickr.

1 2

1. 這張畢卡索的人體畫像不像雕塑呢？是的。這是他繪畫表現的另一種嘗試，用這種方式呈現雕塑感的肉體之美。

2. 擅長雕塑曲線、表情逼真的羅丹《沉思者》藉由刻畫臉部表情、肢體動作、結實肌肉、衣飾曲線，生動有力的展現出人類的內在情感。

其實可以這樣告訴孩子：「上天對男生女生一樣公平，男生有陰莖、精子，女生有子宮、卵子，那怎麼生小孩呢？……」

用最自然的口吻去敘述身體的構造、功能，尤其是性器官，孩子有權知道，不要難以啟齒而不告知。我們大人愈自然、透明，孩子就也很自然不覺得那有多神祕，趁機也可糾正他們一些對身體的錯誤觀念。

接著展示舞蹈、繪畫和使用不同材質的人體雕塑作品的圖片比較，讓孩子知道人體表現的多樣性，並體會身體的流線美感。

許多藝術家常常擁有兩種以上的創作方式，非常厲害的馬諦斯也不例外。除了畫畫外，近 30 歲時開始嘗試雕塑創作，那是內心一種平衡與放鬆，雕塑作品有力感具象徵性。

擺個 pose，當個模特兒，讓大家寫生一番。

讓孩子當模特兒

● 練習擺出各種姿勢，展現身
　體的美感。

©Neil Tackaberry@flickr

什麼叫做模特兒？還有哪些種類的模特
兒？（人體、服裝、髮型、彩繪模特
兒⋯⋯）為什麼需要模特兒？透過問
答，孩子對這方面的知識又有了擴展。

在邀請孩子上台前，大人們在說到身體
的美感時，順便扭動擺擺美姿，及相對
的醜態，親身示範一下，孩子會看得哈
哈笑，並可減少上台害羞的壓力。也可
以先讓孩子原地比劃一番，從中挑兩、
三位較有肢體語言的小朋友，出來示範
充當模特兒，體會當人體模特兒的箇中
感受，並且對模特兒的職業多些了解。

想想：身體可以做出多少姿勢？比比
看，誰能做出視覺效果最佳的動作？順
便體會一下模特兒的辛苦，有時他們必
須保持同一姿勢二、三十分鐘不能動，
讓你十分鐘不動受得了嗎？還有在那寒
冷的冬天褪去衣裳供人作畫，好冷啊！
原來模特兒的工作也不是那麼簡單呢。

右頁 1 2 3

優美流暢俐落的舞者線條。

姜宗望／人體水彩／39x54cm

張金蓮／人體速寫。

1	2

1. 關於畫人體模特兒，除了寫實外，藝術家還是可以有自己的想像，他把模特兒的頭和手變成一朵雲的意象。藝術家張金蓮雕塑作品《春風》103×30×19cm ／銅。

2. 人體寫生，素描是非常重要的，可以讓創作者不斷練習、掌握線條和身體光線的變化。

看我的！小小創作家

● 讓孩子速寫身體姿勢，找出關鍵姿勢，做為雕塑的底稿。

然後兩個人一組，再五個人一組，可以有哪些肢體組合變化？也讓孩子想想曾經看過的舞蹈表演，老師隨口哼一段音樂，讓這五個人隨興交錯舞動一下，停，擺個姿勢，這種感覺就是舞蹈，舞者們是怎樣呈現不同的身體組合？順便體會一下肌肉如何伸展，這個動作牽引了多少塊肌肉？哪個部分的肌肉是放鬆的或緊張的？身體如何表現最適當的平衡？

其他孩子即拿鉛筆在旁邊觀察速寫，經過實地的經驗和觀察，才能體會身體有多少的可能性，試著把它畫下來。客串模特兒的孩子，要求他三分鐘不要動，讓其他人快速的做一個大略的姿態掌握。約換三次模特兒即可，透過素描過程，讓孩子仔細觀察人體的各種姿勢。最後每人拿塊陶土，回想一下剛剛看過、做過的肢體，運用觀察力、想像力，把一塊塊泥土變成一個個生動的人體，它可以是一個頭，或身體的局部，或只有捏塑一隻手的美感……只要去發現你獨鍾的人體之美都可以。安靜地好好構思一番，開始動手做吧！

1. 一塊土，充滿創造的神奇。

2. 透過觀察、感受與想像，捏塑出生動的人體。

1
2

1. 《知音》
   張金蓮 2012 年／ 50×35×30 cm

2. 《微風種子》
   張金蓮 2012 年／ 33×25×26 cm

萬物的起始皆來自那一點，像小種子埋在土壤裡靜待發芽。人也是一樣，那顆種子在母親的子宮內早已預言生命的第一道曙光。

©diegodacal@flickr ©Auguste Rodin@wikimedia

從羅丹的素描畫作可看到雕塑作品《吻》的人體曲線雛型。

小手札 Notes 👑

很高興當初學的是舞蹈，才能在往後豐富了我的雕塑藝術。舞蹈是每個人都會的，只要放下那害羞，自信的展現肢體，身體會很高興你把它呈現出來，也是給孩子一個很好的示範——自信的身體！大人們也是一樣，千萬不要說「我不會！」說不會就真的變成不會，限制了自己學會的機會。

Allan warren@wikimedia

發現藝術家

手指間的張力——亨利·摩爾
Henry Moore

亨利·摩爾 1898 年出生於英國的一個礦工家庭，那個時代的雕塑作品，幾乎是偉人聖賢的塑像，但亨利·摩爾卻顛覆了當時的傳統，他的雕像不再那麼具象，精簡線條，表現的是抽象的形象，對那時的保守社會而言，是前所未有的。

他雕塑的人像，像人又像海邊的石頭形象，常常用簡潔圓弧抽象的線條來表現一個人的軀體，事實上他也常到大自然裡或海邊散步觀察自然界的有機形體，或撿各式各樣的石頭、樹根、骨頭，去感受實體物件裡流動的空間感，來發想他創作上的靈感！

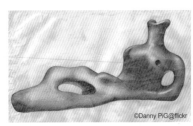
©Danny PiG@fflickr

所以在當時他的作品創新了雕塑的另一種語彙和可能性，讓觀者多了想像空間可以直接感受自然和自然模質活生生的生命力。這樣的創作概念間接影响很多後輩的創作者，這是非常了不起的。

下次到大自然或海邊玩旳時候，撿一塊被蝕化了的石頭或貝殼，好好仔細細觀察，看它像什麼？又讓你聯想到什麼？就腦中所浮現的形象，我們也來做一件非常亨利·摩爾的作品，向大師學習、感受那樣的心境。

©Peter Rivera@flickr

1	
2	

1. 創作時，摩爾會大量繪製草圖，揣摩型態。

2.「家庭群像」「母與子」是摩爾從抽象走向探索人性藝術的展現。
《斜倚的母與子》1983 美國紐約 Botanical Garden

「斜倚人形」是摩爾創作的典型主題，使用材質各不相同，有如圖中的白色大理石，也有石膏、青銅、榆木。

人體雕像中的凹凸與鏤空，是亨利·摩爾雕像的主要特色，亦稱「摩爾洞」，除了透過虛實呼應更有視覺張力外，鏤空透出的背景，讓雕像與環境更加融合。

斜倚人形

亨利·摩爾 原作創作於 1951 年
英國倫敦皇家植物園

摩爾幾乎以戶外雕塑為主，他認為雕像在大自然的光線下，會展現不同的視覺效果，給人不同的感受。他也贊成雕像不只能看，還可以摸、踏、擠等，是可以全身體驗的藝術作品。

對環

亨利·摩爾 1966 年
英國倫敦皇家植物園、
美國紐約百事可樂雕塑花園

豐滿的美學——費爾南多·波特羅 Fernando Botero

©Eduardoalvarracin@wikimedia

1932 年出生於哥倫比亞的繪畫雕塑大師——費爾南多·波特羅，他年輕時熱愛鬥牛，後來沒當成鬥牛士反而成為國際知名藝術家，他的繪畫和雕塑都是圓圓胖胖的線條，簡約又純粹，極具個人色彩。

藝術家的作品傳達的往往是創作者重新賦予平常生活裡所看見的簡單形象，不管是人或動物，將他們轉換成一種巨大生命能量的再現，讓人看了自然而然回到小時候，現實又夢幻般的情境，一個純美自由、沒有煩惱的世界。

| 1 | 2 | 3 |

1. 《收藏家》1974 年
2. 《騎馬的男人》
   1992 年／哥倫比亞波特羅廣場
3. 《母愛》
   1999 年／葡萄牙里斯本

波特羅的作品以造型豐滿、線條圓滑為特色，被稱為「波特羅風格」。他曾說，他畫的不是胖子，是過度誇張、膨脹、超過負荷與極限的欲望。

©Cea.@flickr

©Guía de Viajes Oficial de Medellín@flickr

©pedrosimoes7@flickr

©FaceMePLS@flickr

波特羅創作時，
思考的是藉由極
大化的體積、圓
滾的造型，展現
作品的力量。

波特羅的作品一放入
城市之中，圓潤的線
條，軟化了城市現代
建築的銳利感，自在
的動作，無不引起共
鳴，讓人自然而然放
鬆了下來。

女人與水果

波特羅 2006
荷蘭海牙

女性是波特羅雕塑創
作的主要題材，透
過豐胸、圓臀、腿壯
等元素，突顯女性像
山、河一般沉穩的氣
質，具象的外型呈現
了抽象的張力。

©FaceMePLS@flickr

11 捏塑小貓咪

塑形——從想像、觀察到創作的過程

在陶土捏塑之前，先對著貓咪寫生一番。

讓孩子想像自己就是貓

● 引導孩子想像貓的各種動作。

家裡養貓，看到每天孩子對貓的關心和愛護，便以貓為題材為孩子設計一堂貓的泥塑課。小動物能引發出孩子的愛心和觀察力，讓孩子用泥土捏塑他心愛的寵物，捏出來的作品，多半非常生動有感情。孩子就像小動物，沒有不愛玩、不好奇的，這是一種天性。在孩子盡情的想像遊戲中，任何人物或東西，從大便到蝙蝠俠，小腦袋就有本事把想像全部串連在一起。

首先，我找了一首以貓為主題的音樂，輕快的旋律中不時傳來喵喵叫的聲音，很能吸引孩子「進入狀況」。所以上課時我要孩子自己找一個舒服的角落，閉上眼睛去冥想，想像自己是那隻可愛又頑皮的貓，隨著音樂跑到哪裡去玩了呢？引導他們充分的想像，頓時，孩子都變成一隻隻的小野貓，當我問：「你在哪裡？」「我跑到廚房偷吃東西」「我爬到樹上去睡覺」「我到溪裡去游泳」「我跟另一隻花貓在玩捉迷藏」孩子興奮的發言。接著再讓孩子試著想像貓咪優雅的動作，身體如何做出一個漂亮的弧線伸懶腰？如何獵食？如何整理毛髮、睡覺、打架、玩耍，怎樣一個輕躍就跳到了牆上？……以角色扮演去體驗貓的感覺。

陪孩子觀察貓

- 從影片、圖片、真貓,多管道觀察貓。
- 輪流上台模仿貓的各種動作。

等每個人都發言過了,接著播放事先準備好的貓咪影片,大家可以看到貓咪的各種動作,以及貓和其他動物相處的情形。約看十分鐘。

在正式捏塑之前,可以先和孩子聊貓的種種,從一問一答中,盡量把他們對貓已知的、未知的知識開發出來,讓他們對貓更有概念後,再一起翻閱貓的各種書籍圖片,比較差異……貓的相關資料也可由孩子課前收集,上台分享。 接著再抱出家裡飼養的貓咪給大家愛撫、觀察。請幾個同學上台模仿貓咪動作,例如貓咪打架、洗臉、吃東西……台下的孩子笑成一團,這樣的上課氣氛好極了。

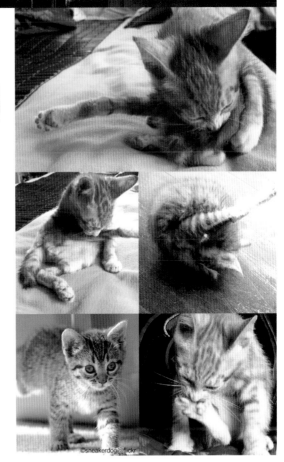

©sneakerdog@flickr

看著小貓咪各式各樣的可愛姿態,讓我們也來扮演一隻貓,學牠輕輕的走路、玩耍、清理自己、慵懶的睡覺。

1　2

1. 翻拍自個人收藏日本兒童繪本大師佐野陽子《死了一百萬次的貓》，講談社出版。（張金蓮／攝）
2. 左下圖翻拍自個人收藏《中國民間美術全集》，華一書局出版。（張金蓮／攝）

看我的！小小創作家

● 先從寫生掌握貓的外形、線條，
再捏出立體的泥塑造型。

這時候，要孩子拿鉛筆對貓寫生一番，透過遊戲與想像，他們對貓已經有了一番觀察和了解。最後，再讓孩子用陶土去捏塑一隻貓。

孩子作品中呈現出來的貓，絕對是生動、充滿赤子感性的心，一定比一般自由想像做出來的作品，要細膩有趣得多。待作品陰乾後，可請陶藝老師幫忙送窯燒製成品，若沒有窯，也是一件雕塑作品，若希望有色彩，等作品乾後噴上白漆，即可上色。

這堂課也可以讓孩子帶自己的小寵物來學校，主題從寵物切入帶到貓咪的欣賞及捏塑，回家的延伸作業就讓孩子去觀察他的寵物並作描述、泥塑。

小手札 Notes ♕

大人常常忘了自己小時候也是小動物，為了方便省力，既不准孩子玩得太亂、太髒，限制又很多。殊不知「玩」的過程裡，其實是在進行一種「確認」和學習的實踐演練。所以從小若阻礙他的遊戲，等於是在抹煞孩子的學習能力和豐沛的創造力。這堂貓咪課還可以延伸課程──讓孩子做寵物觀察日記。

《陶貓》許崴

經由實地的觸摸、觀察，親手捏出來的貓咪，特別可愛。

12 色彩的天空

創意混色——從三原色到彩色

❶ 紙張＝全開圖畫紙（貼滿牆壁上）、
四開圖畫紙（每個孩子一張）、舊
報紙（每個孩子兩張，繪畫時襯底
用，以免水彩弄髒地面）。

❷ 畫具＝刷子（大、中、小）、廣告顏料
（紅、黃、藍、黑色，調好放入顏料
大容器）、水彩用具（孩子自備）。

❸ 工具＝玻璃紙（紅、黃、藍色，各裁
成約 10×5 公分，每人一份）、手
電筒。

❹ 圖片＝米羅的抽象畫。

❺ 樂器＝鈴鼓、鑼、笛子、三角鐵等。

❻ 音樂＝表現不同心情的節奏。
林姆斯基‧高沙可夫：大黃蜂的飛行
柴可夫斯基：天鵝湖；孟德爾頌：仲
夏夜之夢。

❼ YouTube 影片搜尋＝色彩學、color
science、Color art、米羅、Joan Miró。

和孩子聊色彩

● 讓孩子試著發表對顏色的感受。
● 加深孩子對顏色影響我們生活的
密切度。

如果這個世界沒有色彩。
天呀！你能想像會變成怎樣呢？

當海不是蔚藍，山不再綠，花兒不復粉嫩，蝴
蝶不再披著彩衣漫飛，喔！我想世界一定變得
毫無變化、無趣又單調……

顏色本身雖然不具任何意義，但是我們內心的
感受卻會賦予它意義，比如看到紅色，就會感
覺溫暖，充滿活力，黑色就會聯想到嚴肅、冷
冷的、沉默、死亡……因為心理因素影響，這
些美麗的色彩，就會變得有溫度，會說話、會
生氣、憂傷……於是色彩與生活變得息息相
關，甚至可以用來表達自己的情緒和情感。

接著，可以請孩子試著發表對顏色的感受：

什麼東西會讓你想到紅色？綠色又給人什麼感
覺？為什麼醫生、護士的制服是白色呢？計程
車為什麼是黃色呢？

心情很好或很差，穿衣服的顏色選擇會不會有
差別？心情好時，內心是不是像充滿陽光般的
喜悅、溫暖？但偶爾也有不順心、被責備、生
病的時候，心情跌到谷底，彷彿處在一個窒息
黑暗的空間，好鬱卒喔！

©Kodyak Eyeland@flickr

大自然的繽紛色彩 vs. 變成黑白的樣子

和孩子玩色彩

●在實驗和遊戲中讓孩子認識色彩基本知識。

✿ 認識三原色

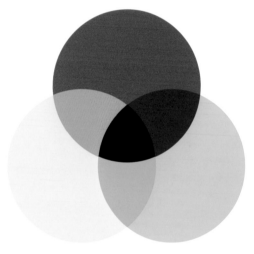

將紅黃藍三原色玻璃紙重疊,會出現幾種顏色呢?

首先,向孩子介紹什麼是三原色(紅、黃、青),原來這三個顏色可以變化調配出所有顏色(不包含黑色、白色、灰色,這三色在物理學上稱為無彩色)。依孩子的年齡,說適合他們的口語,如:紅色媽媽和藍色爸爸會生出紫色寶寶,一面調色給孩子看,紅媽媽的遺傳多一點,就變成紅紫色,藍爸爸的遺傳多就變藍紫……然後讓孩子試試看,創造出其他的顏色,讓他們觀察,發現色彩豐富微妙的變化。有了三原色的基本認識,再加入光的實驗和遊戲。

✿ 光的實驗

沒有光,還會有顏色嗎?沒有光,就沒有視覺活動,因為視覺神經的反射,才得以呈現美麗的色彩。基於此原理,我們調節光源強弱度(可拿一手電筒,把光源靠近色彩),讓孩子觀察,隨著光線的明暗強弱,顏色是不是漸漸起了變化?進而關掉光源(夜晚)哇!顏色不見了!只有黑壓壓一片!

✿ 混色遊戲

再拿出三原色的玻璃紙,眼睛覆蓋不同色紙,看到的顏色也隨之不同,再用兩原色或三原色重疊,又變出其他顏色。或引導孩子注視單一原色三十秒,再將眼光移至白牆,看看視覺上起了什麼變化?再實驗看另兩種原色,又有什麼不同?他們就會明白什麼是補色的產生,原來是視覺上的殘象現象。驚奇的發現後,孩子們對色彩自然會有更細心的探索和興趣。

音樂帶我進入什麼樣的感官世界？我的情緒起了什麼樣的變化？這些感覺如何變成繪畫？

孩子的天空，即是色彩的天空，自由奔放、星空點點，飛！

色彩與音樂連結，揮灑出一幅抽象畫。

看我的！小小創作家

● 讓孩子試試看，用顏色和心情產生連結，試著畫一張記錄自己心情的抽象畫。

● 孩子有各自的切入角度與喜好，集體創作讓孩子有不同的刺激！

當充分解說，引導完色彩遊戲，孩子落筆通常自信滿滿。

如果在喜悅的情境裡，你會用什麼顏色表達？如果在憤怒或恐懼中，你會如何表現？如果我畫不出具體的實物，而只想表現心動的感覺或那可口的滋味，我如何用顏色來傳遞我內心的感受呢？

最後用不同節奏、情境的音樂及樂器（如三角鐵、鈴鼓、鑼、響板、口琴、笛子……）試著讓孩子發表感受想法，不同樂器，是不是像不同的人格？

這種樂器聽起來像直線，好有個性！那種樂器，聽起來像水面的漣漪……讓孩子盡情想像，或要孩子閉上眼聆聽，放一首「大黃蜂的飛行」，或來一段「天鵝湖」……當對音樂的感受移到畫紙上時，如何用色彩來詮釋所聽到的情感？

如果大人可以發揮想像力的話，試著大膽的用身體去扭動肢體詮釋音樂，或勇敢揮舞彩筆，給孩子一個良好示範和比喻，孩子看了會很高興，上課就更有氣氛，也是自己的突破，不是嗎？

1. 有什麼比大肆塗繪還開心，加我一筆，把自己融進圖畫中！
（鳳甲美術館兒童藝術夏令營）

2. 拿起刷子，不要害怕畫錯，從錯的地方再改造，又將呈現新的畫面。

✿動手畫！

我們來畫：「火車的聲音，再加上一陣風，然後有一朵花笑了，笑得好大聲，哈哈哈……」讓孩子試著去畫這樣的抽象感覺，笑聲的線條會是怎樣？風又可以怎麼畫呢？

找兩張對開的圖畫紙，一人一張，可以和小朋友一起像玩遊戲般隨興畫畫，先說好不能學別人喔！比比看誰比較有想像、創造力！

✿大家一起畫！

選一面牆，貼滿了全開畫紙，讓孩子集體創作一張大畫，當第一組孩子（約四人左右）上台揮舞後，下一組同學要用自己的感覺去呼應別人畫下的線條和色彩，而集體完成一張畫之後，讓教室揚起優美音樂，才發下畫紙，每人以自己的心情感受，配合優美音樂，可以用任何方式去完成自己的抽象圖畫。

✿畫完了，看圖說話！

接下來可以結合說話練習，大人先示範：繪聲繪影的訴說自己畫裡的想像，再鼓勵孩子說出自己的想像。

也可以選出一張圖，讓孩子輪流猜猜看這張圖可能是什麼？是一棵樹被風吹得左右搖晃、被太陽曬得口渴乾枯？還是颱風天中害怕一個人在房間的感覺……

✿鼓勵孩子繼續創作！

和孩子共創繪畫的樂趣，一段時間後，會有許多作品呈現，和小朋友可以討論要選哪一張作品，將它裱框讓大家欣賞，鼓勵孩子讓她感受成就感！（可用活動畫框，每個月固定更換新作品，之後待技巧更成熟，可以讓孩子直接畫在牆面上，也是孩子成長過程中很溫馨的成長紀錄與裝飾。）

紅、黃、青三原色，刷出一片色彩的天空。

 小手札 Notes

有一次到學校演講，播放了這堂課的影片，有老師問：「他們
繪畫時怎麼這麼乖，顏料不會弄得到處都是嗎？」上水彩課，
老師很怕孩子會將顏料弄得很「混亂」，其實在我們班不會發
生這種事的，平常就灌輸孩子「將心比心」及「尊重別人」的
觀念，誰都不希望作品被人弄髒或破壞，而且每堂課都藉遊戲
去抒發孩子過人的精力，所以很自然的很滿足孩子們身體和心
理需求，一切引導就緒後，自然會全神專注的投入創造中。「色
彩」的主題也可以和語文領域結合，收集「有色的」成語、詩詞，
分享文學作品中對色彩形容得很傳神的精采段落，又是另一堂
多彩的色彩課。

童趣‧瑰麗‧夢幻的藝術大師——米羅
Joan Miró

©allienato@flickr

很多藝術家在經過長年的創作後，隨著年紀增長，都會企圖回到孩子般的純粹創作，米羅的圖就是最佳典範。

「依我看，一根小草、一粒小石頭，比大山大樹重要呢！」
「啊！每當我抬頭仰天，看著遼闊的星際，一輪新月、太陽，都讓我無比地感動。」——胡安‧米羅

米羅是一位多才多藝的西班牙畫家，作品涵蓋了繪畫、雕塑、陶藝、版畫，是二十世紀超現實主義的代表人物。每個人的成長過程都受家庭、父母影響很深，爸爸媽媽是我們生命的第一位　蒙師。小米羅的父親是一位金匠師，非常喜愛天文，所以米羅的繪畫裡常常出現很多星星、太陽，從藝術家的作品，多少會透露他的環境養成和喜愛。

米羅腦中的世界好奇、精靈古怪、喜愛大自然，他的作品總是有一種無邪天真、幻想又幽默，有很多像文字的神祕符號會出現在他的繪畫中，洋溢著熱情原始的生命力，看著他的作品可以讓我們從日常生活的壓力裡抽離出來，彷彿跟著他進入了一個令人清新舒暢夢幻的神祕世界！

小朋友，假如你正為畫錯而煩惱，米羅爺爺會說：「喔！畫錯沒關係，看看畫錯的地方像什麼，我們變變變，繼續畫下去，一個新奇的小精靈就會跑出來喔！」

©Mi mundo ;)@flickr

天空藍的黃金
1967 年
205×173.5
西班牙巴塞隆納米羅基金會美術館

米羅在 1940 年以後的「星座」「風景·月亮」系列，大量運用紅、黃、藍三原色。

此圖運用各種媒材：水墨、水彩、膠彩、粉彩、粉筆、揉皺紙張。

米羅以一種如詩如夢的風格作畫，鮮明絢爛的色彩和充滿詩意幻想的記號，創造了一個夢幻的奇異世界。

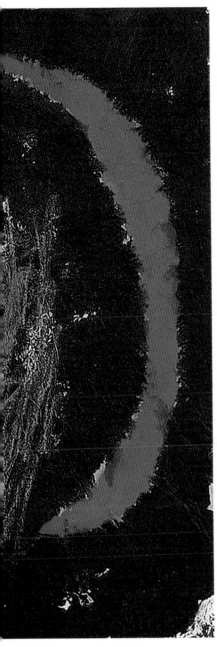

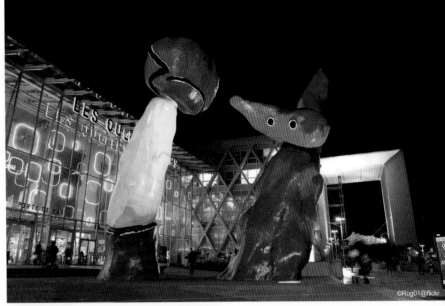

風景・月亮

米羅 1973
62.2×93.4

1	
2	4
3	

1. 《兩個夢幻般的人物》1968 年／約 2 m
   法國巴黎 La Défense

2. 《女人與鳥》1966 年

3. 《月光下的女人與鳥》1947 年／ 11×15 cm

4. 《荷蘭室內景三號》1928 年／ 129.85×96.83 cm

©CarbonNYC [in SF!]@flickr

13 做鬼臉玩面具

局部雕塑——細節的觀察與想像

陪孩子玩拼貼

- 觀察臉部表情動作與變化。
- 發揮想像力、利用各種素材拼貼面具。

準備中

平面面具

❶ 紙張＝A4白紙、西卡紙、圖畫紙、瓦楞紙、舊雜誌、廢物利用……。

❷ 畫具＝彩色筆。

❸ 工具＝鏡子、鉛筆、剪刀、膠水、雙面膠、橡皮筋。

半立體面具

❶ 紙張＝舊報紙。

❷ 工具＝陶土或紙黏土、雕塑用具、噴水罐、白噴漆一瓶、事先完成一個面具作品。

❸ 畫具＝廣告顏料、刷子。

❹ 圖片＝世界各國的面具。

❺ 音樂＝《流浪者之歌》電影原聲帶；雷光夏：臉頰貼緊月球；《暴雨將至》電影原聲帶。

❻ YouTube影片搜尋關鍵字＝威尼斯面具、Masks of Venice、威尼斯嘉年華、Venice Carnival。

說到面具，誰不會做面具呢？未免太簡單了！一張紙只要剪三個洞，上些彩色，讓眼睛、嘴巴露出來，兩旁再繫上橡皮筋掛在耳朵上，就是一個簡單的面具。但如果再問，面具的由來與功用？可能有些答不出來了。嗯！它不但有美觀裝飾的作用，也有保護自己和阻嚇敵人的功能！所以古時候的人，有時作戰時會用到面具來恫嚇敵人，用心理因素達到致勝。有些古老宗教甚至會以面具為媒介，和神靈溝通呢！面具的課程我分了兩節課進行。

第一節平面的面具。首先，玩個小遊戲，每人拿出鏡子，好好去看自己的臉，仔仔細細的觀察臉上的構造，並扭動臉上的肌肉，看臉如何產生細微變化及意外的戲劇效果，然後兩人一組互相看對方，做鬼臉，去發現每條肌肉如何伸展、扭曲，和對方表現出來的喜、怒、哀、樂各種神情。

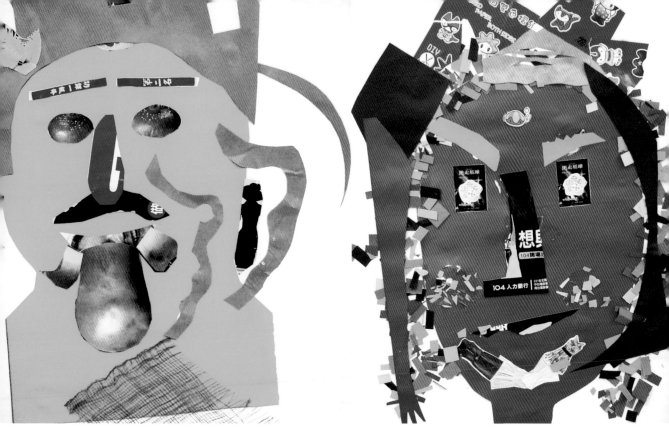

觀察臉部的表情後，發下 A4 白紙讓孩子互畫臉部的速寫。畫完後，可以讓孩子們一個個拿著自己的速寫上台，做個鬼臉，下台鞠躬，會增加上課許多效（笑）果。

然後運用各式可能的材料：吸管、稻草、樹葉、衛生紙、棉花、牙籤、保麗龍、保特瓶、舊雜誌……利用剪貼拼湊、摺紙……各種方法，將素材整合出一張誇張又變化多端的「臉」。

製作完成後，帶上自己精心設計的「臉」，一一上台擺出帥帥的姿勢亮相（若有經費，將每位孩子拍照，貼在教室，也很有紀念性），這些特別的面具，是裝飾教室的最佳素材呢！

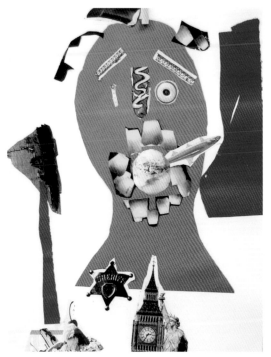

用過期的雜誌撕貼，盡情想像，把不可能的都貼到臉上去，創造一件與眾不同的作品！幻想就是這麼有趣，它是創造力的來源！！無邊無際！

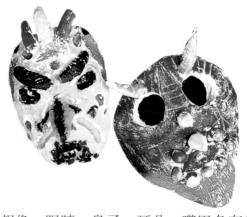

看我的！小小創作家

● 從觀摩世界各地面具到創作半立體面具。

第二節課一開始，先和孩子聊天回顧上一節課的重點——臉部特寫觀察後，即進入半立體的面具創作，用陶土或紙黏土，讓孩子捏塑凸起的面具。

「啊！上節課╳╳人的臉，扭曲得好誇張喔！怎麼做到的？」（可請他再示範一次）或「╳╳人的面具好特別！好有創意！每次一想到他的面具就充滿驚喜，怎麼想出來的？……」順便請那個孩子發表一下，他會很有成就感，下次就會要求自己作品的水準。

聊天後，才開始展示事先收集的各國半立體面具圖片，讓孩子擴展眼界，刺激想像：眼睛、鼻子、耳朵、嘴巴各有什麼獨特之處。

之後，讓孩子將報紙搓揉成球形，用以支撐面具，陶土覆蓋在上面，即可開始天馬行空般去塑造一張張奇特造形的臉。記得提示孩子陶土黏接部位要特別注意，免得乾燥後容易脫落。待塑完成形，乾燥後（需放四、五天）才繼續完成著色部分。由於陶土沒燒過，所以可先噴上白漆當底色，避免陶土因吸水而無法上色，接著再塗廣告顏料。一張張獨特的面具即告完成。最後，別忘了孩子輪流上台說明他的面具表情、造型及功能。

以報紙搓揉成球形做支撐，在上面覆蓋陶土，就能捏塑一張面具。

世界上沒有兩張一模一樣的臉，在孩子的創造中，也沒有兩張一模一樣的面具。

©archer10(Dennis)@flickr　©tommy the pariah[away]@flickr　©anoldent@flickr

各民族面具樣式功能各不相同，圖為阿茲特克的家神面具（左）、日本歌舞伎能劇面具（中）、紐西蘭毛利人刺青紋面面具（右）。

小手札 Notes

創造力較弱的孩子，作品往往容易受人影響，或者抄襲別人。課堂上我常常強調：創作時，無論做什麼都好，只要是自己的想法，永遠都是第一！若跟別人一樣，就是不信任自己的感覺，讓自己自動變成第二，永遠只是別人的影子，哼！我才不會那麼笨呢。只見孩子們若有所思，然後一副更堅定自信的樣子，真可愛。

威尼斯面具嘉年華 Venice Carnival

什麼是嘉年華會呢？嘉年華是歐洲的傳統節日，人們為了要紀念耶穌，感受耶穌受魔鬼試煉飢餓四十天的苦，便在每年復活節的前四十天吃齋守戒作為齋戒期。於是大家在齋戒期之前，都會舉辦狂歡活動，盡情吃喝享樂。這樣的習俗漸漸地就演變成現在的嘉年華會，其中又以風行幾百年，每年二月底、三月初吸引數萬遊客的義大利威尼斯面具嘉年華最為盛大。

到底為什麼演變成嘉年華會需配戴各式各樣美麗神祕面具呢？這是源自於那時高階的貴族對平民生活的好奇，又不方便拋頭露面，所以配戴面具隱藏真實身分，也隱藏自己真實感情，因為在面具前不用說謊，這也是威尼斯最特殊的人文風情。

在這令人期待的假期，來到威尼斯的旅人，可以戴上各式各樣面具，盡情點綴裝扮，讓自己無比耀眼。

©anja_johnson@Wikimedia Commons

1296 年威尼斯正式文獻宣布嘉年華為民眾正式假期。

威尼斯面具嘉年華最大的特點是五花八門的面具形式，其次才是華麗的服飾。

每年為期兩個星期，來自世界各地的遊客共同參與這熱情狂歡的節日。

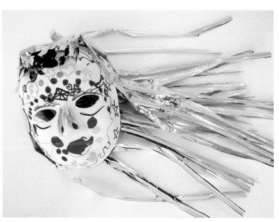

| 1 | 2 |

1. 快樂嘉年華，華麗登場！

2. 我也來做一個嘉年華面具。（子儀畫）

14 紋身藝術

人體彩繪——在眉眼之間突顯特色

©Parkinson Sydney@wikimedia

跟著詹姆斯・庫克船長首航到紐西蘭的藝術家 Parkinson Sydney，約於 1769 年所繪的毛利人肖像。

準備中

1. 畫具＝乳液、各色化妝品、口紅、人體彩繪顏料（舞台專用化妝品，可洽美容材料行）、鏡子。

2. 圖片＝原始部落及現代流行紋身圖案。

3. 音樂＝原始民族音樂。非洲之旅 African odyssey；新世紀非洲 Smooth Africa。

4. YouTube 影片搜尋關鍵字＝泰雅紋面文史工作室、紋面、人體彩繪、painting face。

©Rod Waddington@flickr

和孩子聊紋面

● 紋面可帶來勇氣，是勇士的象徵。

● 臉部彩繪也是面具之一。

從前從前有個飛鷹酋長身體非常虛弱，常遭受族人鄙視的眼光，有一天酋長夢見了一隻大老鷹顯靈，要他到一石窟中取一神奇面具……隔日，酋長真的依照夢裡指示，尋獲了力量的面具。沒想到，戴上面具後，奇蹟出現了，說話時，聲音如洪鐘一般，身體的每塊肌肉好比銅牆鐵壁刀槍不入。回到族裡，無不受人擁戴，並帶領族人征戰無數。但好景不常，有一位酋長的世仇發現了飛鷹的祕密，並暗中盜取那力量的面具，從此飛鷹酋長便被幽禁起來……小朋友，我們一起來幫助飛鷹酋長，找回他的力量之源，每個人都可以創造一個有神奇的力量面具好嗎？

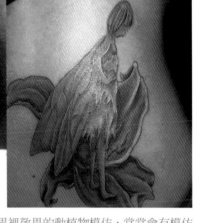

▲ 你看！只有奴巴族人才會描
出這種柵欄狀的眉毛呢！

1. 許多原始部落，他們臉上或身體的圖騰，多來自自然界裡敬畏的動植物模仿，常常會有模仿花豹的豹紋，象徵力量；或就地取材，將白灰或紅泥、炭灰塗抹在自己身上做裝飾，他們認為很美，每個人都極力裝飾自己，有點像現代人化妝塗口紅。（翻拍自個人收藏的《秘境探奇》將門出版，張金蓮／攝）

2. 現代的紋身刺青，已變成年輕人的一種流行。紋身前，先畫一張草圖，然後再紋到身上，這張圖很美，是個沉思的花精靈，紋身也是一門藝術，但也不要貿然紋身，若之後後悔，可是不好除去呢！（許崴／畫）

這堂課非常適合孩子在家裡或學校玩，利用現成的化妝品，編一個英勇的飛鷹酋長的故事，順便給孩子一些紋身藝術的概念。

上堂課介紹了平面、半立體的面具，知道了面具的內在涵意後，繼續延伸探討「面具」。製作上，除了各式各樣的材質都可製作面具外，還有一種面具喔！是直接畫在臉上的唷！

像台灣原住民的黥面，這就是一種紋身藝術（TATOO），這種風氣仍盛行在世界各地的部落土著原始文化中，同樣的紋身，對他們來說，除了裝飾作用外，也代表著成長、社會階級身分、部落標誌，或是某種儀式上的需要，更是勇敢的精神象徵，只有勇士才有資格紋上特殊的圖案，一般族人只能紋紋小指頭就不錯了！紋身時，像萬根針戳刺在身上，簡直像古代受刑犯一樣，最後再用煙煤或礦物彩料塗抹在傷痕上……可不是像現在買個紋身貼紙，貼一貼就可以耍酷。雖然現在街坊也有些真正的紋身店舖，但紋身前要三思而後行，紋上圖案後就不易去除的，說不定以後還要冒皮膚潰爛的危險。了解了以上的基本常識後，就讓我們牛刀小試，也來嘗嘗紋身勇士的滋味！

在臉上塗抹顏料，想起要當那擁有神祕力量的酋長，不禁暗自歡喜。

最英勇的達酷沙魯酋長。

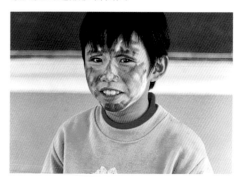

看我的！小小創作家

● 想像自己是酋長，怎樣的顏色、線條最能展現英勇的神情。

這時孩子多半都很興奮，進入飛鷹的想像世界，適時展示各原始部落，及現代流行紋身圖片的比較，或一些行動彩繪藝術家，把自己全身用彩繪的方式融入大自然，而與自然呼應結合的現代藝術，資料收集愈廣，孩子視野就擴展愈寬。

展示完畢，孩子已迫不及待各就各位，小臉兒上一層乳液後，我們就開始著手彩繪勇士紋身之旅。想像一下自己是某一部落的酋長，英勇傲人的圖案紋在臉上、手上，正接受族人的崇敬和膜拜呢！

大人們務必「勇敢」的帶頭畫臉，你若猶豫，孩子也會學樣，我們就是最佳的行動示範，也才會發現一畫上這張彩臉，心情就會跟著輕鬆放下。

畫完之後，每人都變成威武的小酋長，大家集合，引導孩子想像跳支拜月、狩獵之舞……吉吉哇啦啦、嗚巴嗚巴……向大地臣服，慶祝偉大自然的喜悅，藉此也告訴孩子，人要以崇敬的心去看待、養護我們的自然，向自然學習，尊重自然的每個生靈，學習保護環境，因為這是一個共生結構。

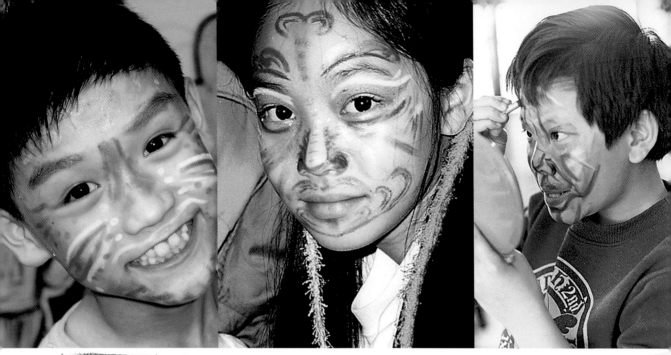

1	2	3

1.「ㄐㄧㄉㄧㄍㄨㄍㄨㄨㄚ……」猜猜，我是那一族酋長？
2. 不用說，我當然是美少女族的公主。
3. 對著鏡子畫，我要把自己畫得兇狠一點，嚇壞敵人！

©Stuart Richards@flickr

臉部彩繪也可畫上動物造型，十分可愛。

有些老師或媽咪可能會覺得跳舞有困難，但你只要開放並進入那個心情，每個人都隨時可以起舞。孩子不是一個苛求的觀眾，所以不用怕自己表現不好或不會跳。用孩子的心情進入那個想像世界，自然就會「跳」了。孩子會因為我們的「勇敢」，他們也敢於嘗試，這是多麼好的體驗啊！也讓孩子有機會聽聽部落擊鼓的音樂，分組隨著節奏起舞。跳完舞後，再讓孩子一一上台亮相，並為自己取一個酷酷的酋長名字，報出大名和名字的意思，用亂語的方式（就是不在你的思考範圍內，隨意亂發一些不成調、沒有意義的聲音）自我介紹，例如：我叫「達酷沙魯」……意思是「太陽」酋長（亂編的名字，賦予意思即可）。現在要開始介紹英勇的酋長們（誇張的手勢）……孩子一一上台擺姿勢，介紹自己，現場又是一陣一陣咯咯笑，再報以熱烈掌聲，炫麗威武極了！你會發現我們只要一個巧思，就能激發出一個個生動、振奮、有力量的孩子，自信的站在台上，這不就是我們所希望的嗎？卸妝時用乳液或油性面霜皆可，課程若是安排在最後一節，讓孩子掛著彩臉回家更棒！

講解完紋身藝術，孩子也完成繪臉，歡樂 party
就要開始了！Ya！看我的飛鷹酋長之舞。

 小手札 Notes

這一堂課好「陽光」，好有能量，大家玩
得太高興了，塗得臉上、手上都是油彩（小
心沾到衣服）。孩子看到我也加入繪臉的
行列，更是開心，我也到處去做鬼臉！好
友亞克告訴我，她女兒有一次放學回家很
興奮的跟她說：「媽媽，老師今天對我吐
舌頭耶！」可見老師們平常較嚴肅，一個
不一樣的小動作，就有很大的親和力呢！

15 畫家工作服

將畫穿在身上生活應用——在布上作畫，

- 從手帕認識各種布面圖案。
- 聊工作服的樣式與功用。

偶爾換一下繪畫材質，孩子就會很高興！（因為新鮮嘛！）今天我們繪畫的主題就是「工作服」，這樣以後繪畫時就有工作服可穿。

在畫之前我們先來看看自己的手帕，每個人的手帕圖案設計都不同！讓孩子一一上台秀自己的手帕，什麼叫幾何圖案？什麼叫規則、不規則圖形？有故事性的或卡通造型的……讓孩子對圖案有基本概念。大人和小孩的手帕圖形是不是很不一樣？男生、女生喜愛的顏色圖案差別是不是很大？這完全是看個人的喜好不同和個性差異。

準備中

1. 布＝素面的布（每個孩子一塊，先裁好一般工作服的簡單樣式）。
2. 工具＝剪刀、針、毛線（毛線較粗，孩子才不會縫太久）、粗棉線。
3. 畫具＝水彩、彩色筆或繪染顏料。
4. 參考＝手帕（請孩子自備）、家裡有各式各樣的工作服，可帶來展示。
5. 音樂＝楊‧提爾森：燈塔 The Lighthou；德佛札克：弦樂小夜曲；葛羅夫：大峽谷組曲。
6. YouTube 影片搜尋關鍵字＝印花圖案、圍裙 DIY。

©Karen Horton@flickr

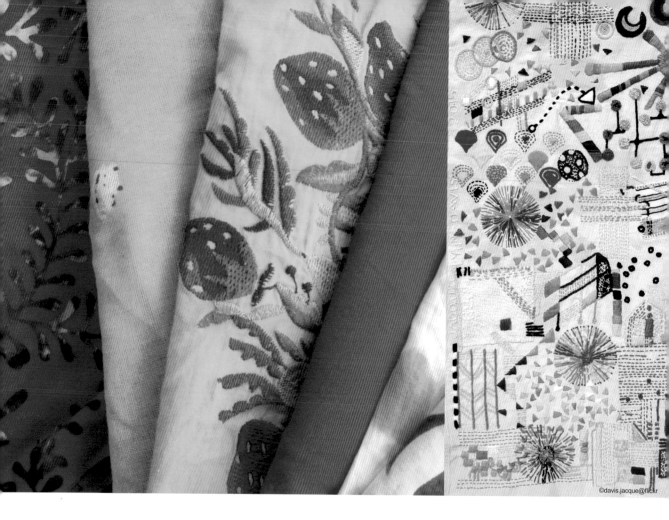

©davis.jacque@flickr

工作服有哪些作用？有多少種類？嗯，工作時為了保護身體和衣服，所以要多加一件「保護衣」，比如爸爸漆油漆時，會穿一件不要的舊衣服當工作服，這樣滴到油漆也沒關係；比如媽咪炒菜時會多加一件圍裙，油水就不會直接濺到衣服洗不掉；比如修理皮鞋的伯伯會加一件厚的工作服，免得修鞋時被刀割到受傷；還有一些畫家或雕塑家，他們工作必要時也會穿工作服，以防油彩、泥土弄得滿身……所以工作服是很重要的。以後畫畫或寫書法時，我們就可以穿上工作服，放心的塗抹，讓媽媽不再為我們衣服不小心留下的汙漬而煩惱呢！

©SupportPDX@flickr

小手札 Notes

這是孩子們第一件親手做的、可以穿在身上的成品，跟一般只是繪畫的心情是很不一樣的，每個人的臉上好像都在說：「我的工作服最好看！」很有意思，而且學會了針線的基本功夫，孩子以後鈕扣掉了可以自己縫呢！穿上自製工作服，全班一張大合照，酷吧！

穿上自己設計的工作服，是多麼得意的一件事啊！

看我的！小小創作家

- 體驗畫在紙上與布上的不同。
- 體驗穿上自己作品亮相的感覺。

看完手帕給我們的靈感之後，便開始構圖，現在我們直接將顏色塗在布上，或畫上一隻可愛的恐龍、皮卡丘，感覺一下紙上畫畫和布上畫畫的不同。把你要表現的圖案畫上去，穿在身上多帥啊！

只要找家中多餘素面的布，簡單裁好，加三條繩子，就是一件簡單的工作服，畫完後再讓孩子用毛線縫邊，訓練他們的手指靈巧，也可讓孩子自創工作服式樣。 當孩子完成，穿上它，跟只是畫在紙上的感覺是截然不同的！這是非常實用又可以穿出去「現」的哦！

要畫畫嗎？先創作一件作品穿在身上，又不會弄髒衣服，媽咪就不會「碎碎唸」了……

16 布偶設計

生活設計──從概念到創作

©kitty27@flickr

和孩子聊設計

- 舉例生活中的各種事物都是設計出來的。
- 和孩子討論設計的目的。

1. 紙張＝紙屑（用來填充布偶的頭）。
2. 布＝裁成圓形的布（用來做布偶的頭，直徑約十五公分，每組兩片一份，讓孩子縫合，留一小口塞細條紙屑）、舊衣服（每個孩子帶一件）。
3. 工具＝筷子一雙、橡皮筋五條、針、線、膠帶、剪刀（以上皆為三個孩子一組一份）、事先製作一個小布偶。
4. 畫具＝彩色筆。
5. 音樂＝適合跳舞的節奏。皇后合唱團：爵士。
6. YouTube 影片搜尋關鍵字＝生活設計、玩偶、Muppet。

設計的概念愈早給孩子愈好，這堂課也可事先請孩子收集廣告宣傳單，上台發表廣告單為什麼吸引他的理由。或是一起看看衣服、鞋子、書包、玩具……生活的用品裡，是不是每個都有它特別的樣式和圖案、顏色呢？是不是讓人有賞心悅目的感覺？這就是「設計」，一個好的設計，總是有辦法讓人「停、聽、看」，吸引人們的眼光，滿足人們的內心需求，然後購買它。設計的種類繁多，大概包括了：工業設計、商業設計、平面設計（出版、海報、影片、廣告、雜誌、包裝……）、立體設計（建築、公共空間、服裝、展覽陳列……）。

就拿玩具來說，它設計的造型帥不帥？功能好不好？材質精緻否？有沒有安全上的考量？整個色彩、比例、平衡感協調嗎？這都是身為一個設計師要考慮進去的，一個體貼有創意的設計會讓我們所處的空間更具美感舒適呢！產品設計完還要靠廣告設計把東西推銷出去，就像麥當勞的廣告設計，是不是每次看了都很想去吃？嗯，如果是的話，那這個廣告設計就算成功了！只要和生活有關的任何事物，都離不開設計！

舊玩具新組合

10 歲許崴／製作設計

取壞掉的手錶小零件，嵌進眼睛製造「電眼」。

可將其他玩具的手拆解下來組裝另一隻手，或用紙黏土上色，直接包住手塑形，做一個大手套！

用小刀片刮出臉上受傷的傷痕，再用紅筆上色。

舊玩具先別丟喔！我們可以拆解它，重新組合成新玩具！組裝的過程很迷人，充分展現孩子的創造力！也幫媽媽省荷包！這是十幾年前，孩子十歲時改造的舊玩具，非常厲害！傳神！你無法想像那小手是如此精巧！！設計就在生活裡，從小開始。

用鑰匙鍊上的小鍊珠做裝飾。

剪長條紙板成型，做一支寶劍。

用紙勾畫，剪一個紅色大火燄。

拿幾支媽媽的紅色海綿髮捲當十字架，綁住蜘蛛人手腳。

冒牌蜘蛛人哪裡跑！
我先把你綁在十字架上！

用 Lego 製作一個寵物城堡，讓心愛的小玩偶有一個溫暖的家。

三人同心協力設計完成的布偶，取個可愛又響亮的名字：上台「亮相」。

看我的！小小創作家

● 分工合作完成布偶設計。
● 和布偶玩遊戲。

這一堂課要設計一個小布偶，其中就包含了髮型、面具、服裝造型的設計，設計布偶像在設計自己的理想玩伴，可順利的移轉情感，讓孩子有很好的情緒抒發管道。

❀ 讓布偶自己說設計特點！

我們事先製作設計好的布偶先不要曝光，放在袋子內，待和孩子聊完主題概念後，便讓布偶神祕出場。當然加些戲劇性，可以用假聲做為布偶的代言，孩子就會睜開一雙雙大眼……現在就讓小布偶阿丹來告訴大家設計的祕密。

「嗨！我是紅毛阿丹，大家都叫我紅毛丹，因為媽媽生給我一頭的紅頭髮。雖然矮一點，又長了一些雀斑，但是我覺得自己長得好『酷』喔！配上心型眼鏡，還有專門的服裝設計和亮麗的鞋子，你們一定會喜歡我，對不對？但我的煩惱就是太孤單了，都沒玩伴，可不可以幫我一個忙，做幾個同伴和我玩？」「噓！想知道我腦袋裡裝滿什麼嗎？嘻嘻！全部都是紙屑啦！我的骨頭只是一雙筷子。至於衣服，只要找你不能穿的衣服，變通一下重新設計，再上點顏色就完成了。」

1		3
2		

1. 拿一件自己的舊衣服,加工縫製、改造。

2. 這是三個人領銜主演的「布偶奇遇記」哦!其中一人拿著布偶的筷子身體,替他說話;另一人的手借給布偶當手;另一人的手借給布偶當腳——演出是否成功,就看合作的默契了。

3. 在手的勞作中沉靜下來,專注於想像力的實現,是藝術創造最迷人的地方。

❀ 分組設計大布偶

三人一組,一個設計長相、骨架和頭髮變化、頭上造型;一個設計衣服,用舊衣服重新設計剪裁裝飾上色,穿起來肯定最迷人;一個設計鞋子和布偶的配件,利用紙做鞋型,加強顏色、花樣,穿在腳上一定與眾不同。讓三個小朋友分工完成,也提醒他們協調這個布偶的整體造型。孩子們興奮的進入討論,分配每個人負責的部分。過程中,每個孩子都好專注,各司其職。

❀ 和布偶跳舞、演短劇

待完成作品後,請小朋友分組討論,將布偶命名,討論出布偶的性格特徵,最喜歡和最害怕的事。分組上台介紹並操作它們精心設計的布偶,待全部孩子解說完畢後,放首熱門的音樂,讓孩子們與布偶快樂共舞,或者,分組用做好的布偶說故事、演短劇,教室又是一片歡笑!

完成的作品，一起加入遊戲的行列！

小手札 Notes

只要是喜歡的主題，孩子總是自動自發，像這堂課分組後，孩子彼此間的同心協力、專注與效率，真是可圈可點，沒有一個人偷懶！可能是找不到無趣、偷懶的理由，一直 high 到下課還意猶未盡呢。等孩子做好布偶之後，老師還可以用來教學：嗨！今天我們請到王小明的「小毛」來為大家上課……或將做好的布偶掛在牆上很生動呢！還可用來當教具，功能真不少！

玩偶常常是孩子情感的投射對象，是他們最親密的朋友，永遠是孩子的最愛。

17 來玩布袋戲

演出——布偶的設計與應用

和孩子聊布袋戲

- 讓孩子熟悉戲偶演出的氣氛。
- 了解傳統布袋戲的淵源始末。

若只是單純的讓孩子畫張畫、做個布偶，那是很簡單的，困難的是課程周邊相關資料、道具的收集，上課流程，和加強孩子印象的相關遊戲的設計，如何製造上課氣氛的效果？……種種準備都是為了加深孩子的印象。

「美術課」只是個楔子，事實上有更多的生活常識，在課程中傳遞，而點點滴滴累積了孩子對人文藝術、文化的認知。

開始上課時，看到琳琅滿目的樂器、布袋戲偶及小戲台，孩子已興奮得竊竊私語。請一個孩子拿著大鑼敲一下：「開、演、了！」——製造了一個令人期待的高潮，接下來老師一手耍著傳統戲偶，一手舞著自製的新式布偶，用假音開始演起戲來，事先請好幾位孩子在戲台背後，隨著老師編的故事情節，配合敲打各式樂器，氣氛強強滾！然後藉由新舊布偶的演出，介紹布袋戲的由來及製作，讓孩子了解傳統布袋戲的淵源始末，和國內外偶戲的差異，另外也可以知道布偶的不同種類，和一些製作細節及專門術語、相關知識及樂器，例如什麼叫做「文武場」？……這些資料都可以從專門的布袋戲書籍中獲得，也可影印重要圖片，讓孩子比較不同戲偶的差異。

準備中

1. 情境布置＝可連接四張桌子，上面蓋一塊黑布，成為一個小舞台，再用紅紙、毛筆寫上戲團的名字，例如「小興華」（學校名）。布袋戲使用的樂器如鑼、鼓、鈸等，以及孩子從家裡帶來的布袋戲偶，可先放置在台前的桌上展示。

2. 紙張＝A4白紙。

3. 工具＝鉛筆、剪刀、膠水、膠帶、包裝紙、雜誌、不要的玩具配件、碎布、任何想像得到的材料，事先自製一個布袋戲偶。

4. 畫具＝彩色筆。

5. 音樂＝輕快、有鑼鼓的曲子。喜慶鑼鼓，風潮唱片；驚天鑼鼓，馬可波羅；北管驚奇，水晶唱片。

6. YouTube 影片搜尋關鍵字＝布袋戲、布袋戲偶製作、黃俊雄、黃俊雄布袋戲、Philippe Genty。

1	2

1. 眼珠子炯炯有神，表情威嚴的武生。（彰藝坊古典戲偶工作室 / 提供）

2. 雕工精緻的傳統布袋戲偶：小生與小旦。（彰藝坊古典戲偶工作室 / 提供）

黃俊雄小檔案

說到布袋戲（掌中戲），那就一定不能不提台灣布
袋戲教父──黃俊雄。他14歲就跟著父親黃海岱創
立的「五洲園」學習布袋戲，文武場樣樣精通，能
編能寫能說能唱，19歲時自己組團，首創將布袋戲
搬上電視螢幕，當時家家戶戶都愛看布袋戲「雲州
大儒俠──史艷文」，是家喻戶曉的超級大偶像，
中午播出時間一到，不分男女老少都停下工作、聚
集電視前，可說是萬人空巷，更創下97%高收視率。
2011年被受證為人間國寶頭銜。

©【 J 】@flickr　　©Outlookxp@wikimedia

利用家裡不要的布和紙等東西，再加點想像，就可以做出一個個創意布袋戲偶了。

看我的！小小創作家

● 先畫出角色特點草圖，再實際完成立體戲偶。
● 和同學組團輪流演出。

接下來，可安排三、四位孩子與老師同台「演出」，蹲在小戲台後面，讓孩子介紹手中有名的布袋戲人物，如史艷文、濟公師父……等，模擬如何使用輕功、慢走、急走、閨女的走路方式或俠士的威武英姿。

有了基本概念後，每人發張白紙，讓孩子充分想像去設計，先設計好一個響叮噹的人物畫在紙上，封一個響亮的名字。當孩子在畫草圖的過程中，可以一面挑選幾張別出創意的造型，例如：「哇！看看小崴畫的，西部外來客耶！還配置了一支好炫的手槍。」一方面讚美了孩子，又可以刺激其他孩子的靈感，實際製作時也如此，這招很有效呢！

設計好戲偶草圖之後，再用紙黏土捏塑戲偶的頭，待乾後，用彩色筆上色，至於頭和衣服的裝飾，可用碎布或漂亮的色紙來變化，或利用家中玩具的配件，如帽子或武器、槍，來加強效果，讓舊玩具充分利用。任何素材只要動動腦，就可以製作一個武功超強的布袋戲偶！

待孩子們完成作品，分五人一組，每次兩組同時上場，其中一組當「武場」，坐在黑板下方，每人負責一樂器，幫台前演戲偶的孩子「配樂」，大家即興合力演出。另一組躲在小戲台後面，讓作品「亮相」，實際模擬演出，介紹自己創作的布袋戲偶：「嘿嘿！轟動武林，驚動萬教，神祕俠客

把桌子合併，蓋上桌布，貼上戲團的名字，就成了簡易的戲台，分組偶戲輪番上陣，有的搬演主角、有的敲鑼打鼓，好不熱鬧！

神祕俠，重現江湖……」還沒輪到的孩子則當觀眾，演完後兩組交換，讓每個小朋友都有玩到樂器和演出的機會，以及默契的培養。

演出時，如果當觀眾的孩子忍不住講話，我們可以輕輕對著他的小耳朵說：「人家在賣力演出，你講話會影響到別人的欣賞，如果換你表演時大家都在講話，你一定覺得很不被尊重，對不對？」或者只是坐到他身旁親切的摟著他，孩子就不好意思講話了。用這種方式提醒孩子，是非常受用的，可以讓大家歡歡喜喜熱熱鬧鬧演完一堂課。

小手札 Notes

「木偶本無命，借人逞英姿」，傳統戲偶的頭，都是雕刻師傅一刀一刀從原木中慢慢刻出來的，再一一上色賦予人物個性。仔細看，連眉毛都有好壞人之分呢！還有美麗的華服、武器配備，全部的造形設計，要花好多的人工、時間才能完成，所以整個作品是細膩的，不像現代愈進步，反而很多東西製作得愈草率。比一比從前和現代的戲偶，現代人真要慚愧啊！

發現藝術家

法國奇幻偶劇大師——菲立普・香堤 Philippe Genty

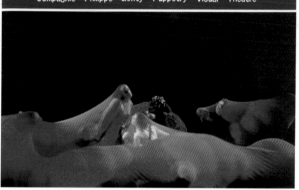

法國香堤偶視覺劇場
Compagnie Philippe Genty Puppetry Visual Theatre

一位俄國偶戲大師曾說：「偶戲的表演是一種讓無生命體轉成有生命體的奇蹟表演，人們將自己的情感投射在裡面，屬於一種幻象藝術。」而從來沒有上過偶戲學校，1968 年創了菲立普・香堤偶劇團的香堤（Philippe Genty）卻將此藝術表演，表現得淋漓盡致。

年輕的香堤學的是繪畫，但小時候的他非常內向，偶戲變成了他對外溝通的管道；22 歲的他為了計畫世界旅行籌旅費，便跟聯合國組織申請一個計畫，他拍了一部關於世界各地不同的偶戲，編導了一齣小偶劇，然後花了四年時間旅行了 47 個國家……這趟旅行讓他看到了世界形形色色的人事物各種層次，令他非常感動，於是開始了他豐富、奇幻、結合音樂、舞蹈、默劇、魔術的偶戲創作。

香堤說：「如何創造劇場的畫面是最吸引我的，我可以讓劇場一次呈現多種視覺意義，詩意般的圖像畫面所產生的力量是非常驚人的。」

《巴黎－首都報》這樣形容他：「錯過香堤的作品，就是錯過了賞心的愉悅和詩般心靈洗滌的體驗。」

若有機會，享譽國際的法國香堤偶劇團再來台灣演出時，可千萬不能錯過這充滿夢幻奇想的演出喔！他會輕輕敲着你的心，帶領你進入詩般的情境，恍若夢中。

P118-119 圖片皆翻拍自個人收藏的法國香提偶視覺劇團來台演出《勿忘我》節目手冊。（張金蓮／攝）

——夢境的素描者

推翻環繞我們四周的秩序

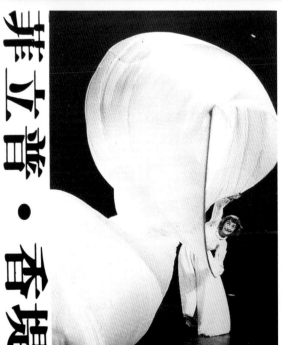

菲立普・香堤

勿忘我！……
但願我是你記憶的一部分，
而你閱讀這些詞藻。
像我，有時你遺失
一些記憶。
這些遺失的記憶總是困擾着我……

18 我是服裝設計師

穿出來的藝術 —— 設計自己的紙衣服

準備中

1. 紙張＝A4白紙、色紙、八開圖畫紙（畫服裝草圖）、各色全開紙（每個孩子一、兩張）。

2. 工具＝鉛筆、剪刀、美工刀、釘書機、膠水、雙面膠、各種可利用的裝飾材料（最好是廢物利用）、衣服一件。

3. 畫具＝彩色筆。

4. 音樂＝適合服裝表演。謎合唱團；皇后合唱團：爵士。

5. YouTube 影片搜尋關鍵字＝衣服製作、可可·香奈兒 Coco Chanel、亞歷山大·麥昆 Alexander McQueen。

和孩子聊衣服

- 先聊孩子最愛的卡通人物、萬聖節服飾。
- 再聊設計衣服的基本原則。

連續幾堂和設計有關的課，今天可以進階到為自己設計一件紙衣，衣服的製作也是同樣道理，讓孩子把一件衣服變出來，自然就學會和衣服相關的一切設計、色彩、構圖⋯⋯才明白一件隨手可得的衣服製作也不簡單呢！

如果時間不夠長，這堂課也可以分成兩節來進行：第一節是平面部分，課程聊天就以和服裝有關的任何行業開始，及孩子看過哪些別出心裁的服裝，有沒有特別印象深刻的呢？蝙蝠俠的衣服帥吧！小精靈的也不錯，機器戰警的鐵甲好酷！我還看過聖誕樹造型的衣服呢！此外，還有水果、花卉、蔬菜款式的，居然也有用百元鈔票、衛生紙做成一件衣服的呢！這些全憑服裝設計師的本事和創意。或是請孩子課前收集報章雜誌中有關服裝模特兒的展示圖片，每人上台秀出圖片，讓大家評評哪個服裝設計師最有創意。

接著進入衣服基本的「對稱」和中心軸概念，脫下一件孩子的衣服來示範，將衣服對摺一半就會看到中心線和對稱的兩邊，有了這基本概念，就可以順利剪出各式衣服的紙樣。

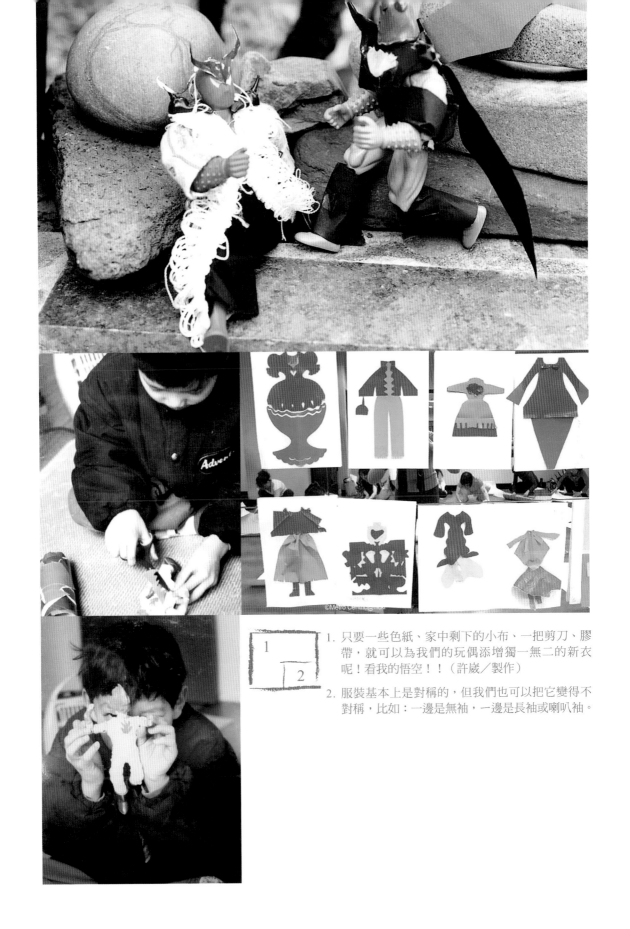

©Metro Cering.....

1. 只要一些色紙、家中剩下的小布、一把剪刀、膠
   帶，就可以為我們的玩偶添增獨一無二的新衣
   呢！看我的悟空！！（許崴／製作）

2. 服裝基本上是對稱的，但我們也可以把它變得不
   對稱，比如：一邊是無袖，一邊是長袖或喇叭袖。

把剪裁的衣型放大，實際製作一件「紙衣」。

看我的！小小創作家

- 先嘗試剪貼縮小版衣服。
- 修修改改中，做出穿得下的衣服。

❀利用雜誌色紙，剪出縮小的衣型

先利用過期雜誌或色紙對摺，讓孩子練習剪紙花，將剪紙展開即出現中心對稱的圖案。鼓勵孩子盡量去創新剪法，發現不同圖案，再空出牆面，孩子剪完就可以馬上貼上去展示。

待孩子們剪得較熟練後，便要他們每人設計、剪出三套衣服，宣稱現在要甄選最有創意的服裝設計師，帶入遊戲比賽的氣氛，當然大人們之前就要有課前作業，我們要剪些創意的服飾，給孩子一些啟發的靈感和觀摩，其餘的就讓他們自己發揮。若能準備些糖果鼓勵孩子，上課會更「甜蜜」。

剪完後要他們選自己較滿意的作品貼在A4白紙上，集中在一起，然後一張一張秀出來強調，肯定他們優良、創意、細心的部分，然後大家票選出本年度最佳服裝設計師，再讓前三名的同學發表他們的設計、創意重點，最後再把全部作品貼出展示。

‼注意提醒：中心線在對摺紙的中央，剪刀剪去外緣，留下中央的衣型，很多孩子會發生的錯誤是剪掉了中心線，衣型變成兩半。

自己設計的衣服穿在身上，好得意啊！我們來炫一下，走走舞台服裝秀。
（故宮博物院，兒童藝術夏令營）

❀先畫設計草圖，再裁剪出實際大小

有了第一節課的基本功法後，第二節課開始可複習第一節課的重點（中心軸）和精采片段，或讚美某個孩子上課時的專注態度，或某個孩子的獨到創新之處，或誰把東西收拾得很乾淨，藉機讚美鼓勵，孩子就會表現得更好。

發下白紙，讓孩子像設計師一樣畫些設計草圖，把想像中的服裝畫出來，或請衣服較別緻的同學出來當模特兒，把重點放在衣服和姿態上，試著速寫各種衣服的款式和姿態。

完成草圖後，每人再發一張全開的紙（各種顏色），要孩子回想小布偶和布袋戲的製作經驗，把上節課的衣型放大、剪出外型，若對剪裁衣服還是沒概念，就拿一件自己的衣服觀察一下！剪好衣服的紙型後，用雙面膠和釘書機當作針線，將衣服的前後片釘合好，再裝飾或繪製衣服的圖案，也可利用舊雜誌的彩色頁剪貼形狀裝飾，製作一件又酷又炫的服裝！

待完成作品，再把紙衣穿在身上，孩子才發現理想和現實的差距，剪時看起來很大，卻穿不下，經過重新調整，重新發現，嗯，小小衣服真不簡單！

最後，將同學們分組，一組一組在台前亮相，看看誰設計的服裝最會搭配顏色，最有新的創意，然後跟著音樂飆舞囉！

小美女穿華衣，走秀喔！
（故宮博物院兒童藝術夏令營）

1. 利用名畫家李義弘老師畫過不要的水墨練習宣紙，和家裡種的川七菜、姑婆芋，設計打造一身環保「華麗」。（李義弘／攝影）

2. 服裝最後的修飾，要上台走秀了，看我的！

3. 快樂媽媽也來玩一下，我比瑪丹娜還厲害！

香奈兒創辦人以及創意總監卡爾‧
拉格斐（Karl Lagerfeld）。

發現藝術家

獨具一格的時尚女王——可可‧香奈兒
Coco Chanel

時尚大師的作品就如藝術品一般，他們的名字本身就是時尚品牌，像義大利的喬治‧阿瑪尼、法國的香奈兒、日本的三宅一生……看著他們獨具的風格，你就可以認出是誰的作品。那是最直接的藝術行為，為什麼呢？因為將作品直接表現在人身上，裝飾美麗的靈魂，讓人們的內心充滿鮮活、喜悅、滿足感。想想看，當我們穿上一件美麗華服的時候，走起路來是不是頭抬得高高的，更有自信呢？

藝術家獨到的眼光與想法，甚至可以帶動提升社會整個美感氛圍呢！因為「我就是流行」！

像 1883 年出生的法國時尚大師可可‧香奈兒就是這樣一位藝術家。她曾在孤兒院待了 7 年，因此學會縫紉技巧；她不像一般人哀嘆自憐，也不放棄追求自己天賦；她離經叛道，有自己鮮明的想法。

在那個保守年代，女人都把自己包得緊緊的，連打球都要穿裙子，她就為女士們設計了輕便的運動褲裝；之後又拋棄令人難受的馬甲束腹，讓女士們穿上自然簡約的寬鬆上衣。她自己也以行動率先剪短頭髮穿著男裝，還創造出世界第一款女性泳裝！這些行徑、改革，在當時保守的社會，簡直是不可能任務！但她完全不理會傳統世俗的觀念獨樹一格！最後領導了全世界服裝的流行，讓人們穿出了自己的舒適和典雅，特立獨行的她，也是當時女性主義啟蒙的代表。

香奈兒的創意總監卡爾‧拉格斐曾說過：「我不是要香奈兒這個品牌氣若游絲的活著而已，我要它活力充沛、勇往直前！」

©SpiritedMichelle@Wikimedia Commons

©SpiritedMichelle@Wikimedia Commons

金屬色軟呢外套，透過布料與織法創新，呈現沉穩優雅的華麗感。

香奈兒經典千鳥格紋斜紋軟呢套裝，一直是香奈兒時尚風潮必備的奢華標誌。

發表於 1921 年 5 月 5 號的香奈兒 N° 5 香水，是全球具最「魔力」的暢銷香水。

EAU DE TOILETTE N° 5 CHANEL PARIS

©snailsareslimy@flickr

發現藝術家

鬼才時尚教父——亞歷山大·麥昆
Alexander McQueen

服裝設計師是一種特別又華麗的職業，天馬行空無邊際的創想，也可以有如戲劇般誇張、魔術般神奇的表現！擴展人們盡情的想像空間，就是這個職業的最大魅力所在。

令人印象深刻的服裝設計師有英國的亞歷山大·麥昆，他是國際歌手女神卡卡的御用服裝設計師，可惜英年早逝。

他設計的衣服都有著濃厚的戲劇張力，穿在身上，衣服自動會說話，充滿着詭異荒謬的色彩，但又讓人忍不住讚嘆，想多看幾眼，令人驚艷連連。

麥昆的設計，彷彿讓你置身在一個無窮想像的角色裡，不愧是英國時尚教父！

右頁／麥昆的設計戲劇性效果十足，從女神卡卡的禮服、演唱會服裝，可見一斑。

下／麥昆的鞋子、戒子、包款等配件設計，也相當獨特且前衛。

19 玩布變身秀

布創作——從玩布到剪裁服飾

準備中

1. 布＝一塊大布（約 4×4 公尺，兩塊雙人床單大）、每個孩子一塊布（約三尺）、先裁好一「活動」布衣。

2. 工具＝剪刀、雙面膠。

3. 音樂＝適合服裝表演。探戈的故事；布宜諾斯艾利斯的四季；楊·提爾森：野獸的華爾茲。

哇！居然變成木乃伊了！

玩過了「我是服裝設計師」後，孩子們對服裝有了基本概念。這堂課首先以「布」為主題，只要是布的相關話題都可以聊，然後問孩子，如果你有一塊布，利用這塊布，你會把自己變成什麼？盡量讓孩子發表想像，因為有想像才可能有具體的呈現。

然後放音樂（可以輕柔或緊張的……），發給每個孩子一塊布，以五至八人為分組，隨著音樂舞動他們的布，一面引導：「變變變！現在你變成什麼？」音樂停！讓每個孩子一一回答後，再放音樂：「現在你又變成什麼？」「桌子！」「蝴蝶！」「溜滑梯！」「蝙蝠俠！」「小蟲！」，再換另一組小朋友上場。

一塊布，變變變，變一個「木乃伊」，從古墓裡復活，或變成「蝙蝠俠」凌空而下，多麼神勇！或者是那一陣「旋風」　啾！啾！被吹到的人都倒了！也可以捲曲起來！變一隻毛毛蟲快快吃著青葉，在地上蠕動著！漸漸地變成了一枚蛹！好安靜啊！蛹裡面一直在變化著！有一天，哇！已經「完全變態」，成了一隻蝴蝶，看！我的頭已破蛹而出！小心啊！慢慢來，別弄破了翅膀，慢慢的！嗯！我現在是一隻美麗的蝴蝶呢！舞著布飛啊！飛到青天白雲處，睡個舒服的覺吧！

如果孩子臨時想不出來，我們可依當時狀況說，啊你好像什麼！或，看我變成聖母瑪利亞……大人們常要培養自己隨機應變的能力，常練習，自己也會變得很靈活。

接下來，再拿出一塊大布，分組（十人一組）讓孩子在裡面，隨著音樂舞動，變「大海」！好啊！四個人各握住布的四角搖擺，就可以製造大海浪，海裡有好幾條小魚，游啊游，要從海浪裡穿越過去了！滾過來，滾過去，在海上滾來滾去好舒服啊！……糟糕！來了一條大白鯊！快逃啊。

當音樂（抽象熱鬧一點的，約放三十秒）暫停，讓孩子停住，可蹲可站可躺，保持那個活動姿勢不動，各種動作皆可，大家在大布裡，將布拉扯、扭曲，組合成一個活動抽象雕塑，停十秒再繼續放音樂，再「停！」變成另一雕塑組合，每組玩個兩、三次即可，看哪一組做出最有創意的雕塑組合。

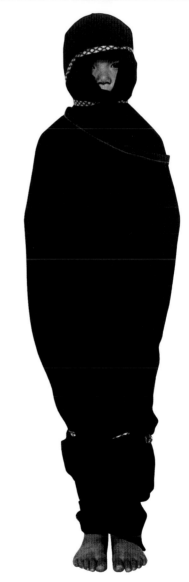

1. 大海起大浪，小魚兒在浪花底下游來游去。（故宮博物院兒童藝術夏令營）

2. 猜猜看，我變成什麼？一隻蝙蝠？一個忍者？一枚蛹？……

看我的!小小創作家

- 用布做出可以穿的創意服飾。
- 走伸展台,秀出自己。

遊戲結束後,孩子多半都還在興奮中,這時再將他們集合:「換老師表演了!」便拿出事先剪裁好的布示範,穿在自己身上為自己造型,順便複習衣服的中心軸、對稱概念。嗯,在布的中心點(像摺紙一樣)剪一刀,哇!頭就可以穿過去,變成領口啊!剪個花,貼上雙面膠,可貼胸前,貼頭上,很美呢!再四邊剪些條狀,還可以綁來綁去變成特殊的造型……示範幾種變化的可能性,便讓孩子開始發揮創意,孩子這時都能馬上進入狀況,專注在創作中呢!

待孩子穿上自己的創意服飾後,我們先在地上畫好舞台的走秀伸展台,播放活潑有力的節奏音樂,讓孩子模擬模特兒,表演服裝秀。當然我們大人自己先玩,秀一秀動人服裝,如何走台步,示範完,我們再轉換成最ㄅㄧㄤˋ的主持人,加油添醋的熱烈介紹本年度最流行的服飾,孩子穿著創意十足的服飾一一出場!其他未上場的孩子圍在旁邊,隨著節奏拍手,讓氣氛上揚再上揚!

1	2	3
	4	

1. 在布上加工,做一件美麗的彩衣,今天要去參加國王的舞會。

2. 阿拉伯王子你來啦!

3. 讓我們歡迎,玫瑰花國公主出場!

4. 白衣小天使,你是從哪個星球來的呢?(故宮博物院兒童藝術夏令營)

小手札 Notes

每堂課都必須叮嚀如何小心操作工具,做完隨手收拾。引導孩子享受創作的美好過程,不要抄襲,抄襲就是小看自己,願意當別人的影子。創作中要懂得尊重別人,不要打擾對方,久而久之,自然養成良好習性。關於布的主題,還可以讓孩子發現各種布的種類、材質,收集剪下之後,再貼出一幅畫。

20 寫詩畫春聯

感受生活──將美好的感覺記錄下來

吃顆甜蜜蜜的糖果，讓感受在心裡濃濃的升起，再唸唸小詩，嗯，春天來了！

和孩子聊聊春天

● 從感受春天到關懷大自然。

準備中

① 情境布置＝春天的盆花、自然場景（教室裡隨意布置或到學校花園）、春聯兩三幅、門神、幾首描寫自然的童詩、糖果。

② 紙張＝裁好的紅紙（長條兩張、方形兩張、四開一張）。

③ 書法用具＝毛筆、硯台、墨條或墨汁、墊布或舊報紙。

④ 音樂＝活潑喜氣的新年音樂。 飛魚樂園；葛利格：皮爾金組曲；世界音樂櫥窗：中國。

⑤ YouTube 影片搜尋關鍵字＝春聯、門神、狂草、張旭書法、懷素。

上學期尾聲，接近過年前，可以找一個適當的時機給孩子上春天的春聯畫畫課，由於孩子字體的純真，信手寫來就是滿室春天繽紛，頗有過節的氣氛，藉由寫春聯的活動，可以引導孩子在筆墨創意之外，順便探討什麼是自然？及人與自然不可分的關係，在春意勃發之前，讓孩子真切體會人只是大自然的一份子，我們有沒有關心愛護大自然？有沒有細心觀察體驗？引導孩子感受進而感謝自然豐富的給予。

「什麼是春天的感覺？」課程一開始，我們在角落布置一個自然場景，擺幾盆鮮花，甚至買些花材，現場插一盆花應景，或是直接帶孩子到學校的花園，或到社區的公園或海邊。

1 | 2

1. 春天的感覺是什麼？聞一朵花香，讓她的香氣融入你全身；或拿起一只貝殼，聽聽裡面的海洋聲；閉上眼睛，用手去觸摸樹梢的新葉……春天就在手指尖！

2. 用自己創造的句子寫成春聯，向春天說聲：「歡迎光臨！」

上課那天，我帶了海沙、乾的螃蟹、枯枝、花朵……讓每個孩子抓一把沙子，看沙子從指尖流逝，或體會枯枝、石頭、沙子和皮膚接觸的感覺；請小朋友閉上眼睛聞一聞花香：有沒有勾起一絲聯想？想到了什麼，說出來分享給大家。或每人發一根棒棒糖含在口裡，嗯！甜入內心的感覺像什麼？……

先選幾篇小詩，讓孩子一面享受甜甜的糖果滋味，一面唸首與自然有關的小詩，體會一下別人的心境，並學習關懷自然。例如節錄《傾聽自然》裡的作品：

飛鳥 是我兄弟
百花 是我姊妹

樹木 是我摯友
山、河、萬物 為我所關愛
綠色大地 是我生母
穹蒼深處 是神靈……

或是孩子們的作品，例如曾梓維的
這首小詩：

是誰？
把美麗的地球汙染了
變得跟黑蝙蝠一樣難看
是誰？
把乾淨的海洋用髒了
變得跟黑油漆一樣噁心
是誰？
把綠油油的稻田
變得跟 黑雲一樣黑
原來 是廢水幹的好事

1. 我心目中的英雄，門神來也。

2. 看山看花看鳥看魚，孩子寫的春聯叫「純真」。

3. 讓我來畫一個威力神勇的門神，不怕邪魔來使壞。

看我的！小小創作家

● 將春天的感覺寫成文字、畫成春聯。
● 畫出心目中家的守護神。

引導就緒後，準備好紅紙、筆墨，先感謝美麗的大自然讓我們平安過了一年，引導孩子想想和大自然相處的愉悅感覺：聞一聞花兒是那樣的清香；看一看藍天白雲是那樣的悠遊自在；聽一聽老榕樹在說什麼故事；回憶浸泡在蔚藍的大海裡浮浮沉沉的，想一想你和小貓兒在花園嬉戲……感受回想快樂的每個片刻，然後用喜歡的話語，把感覺寫下來，若寫不出文字，也可以用畫的，像看圖說話一樣，一聯寫文字、一聯用圖畫表示，古時候的象形文字，不也是把實物畫下來嗎？讓孩子構思獨創的對句，比如：「處處有山，雲在山中間」「處處有花，人在花中間」，「春天從山上滾下來」「春天從樹上跳回家」，「阿貓阿狗叫，小花小草笑」「人在唱歌雲在飄，樹在搖擺花在笑」「天很藍，山很綠，花很紅，草很青，雲很白」「星星好像穿著舞衣，月亮好像穿著禮服」……這麼可愛的春聯貼在門口，春神一定更歡喜了。

寫完春聯，請孩子再畫下心目中捍衛家園的守護神，祂可以是一隻嚇人的怪獸，也可以是一個身上佩帶很多武器、長得奇怪又威武的人，身上也許還盤繞一條巨龍……孩子就會躍躍欲試發揮想像，準備創造一個讓惡魔卻步的門神呢！然後介紹春節的相關風俗，例如為什麼倒貼著「春」、「福」、「滿」？為什麼要發壓歲錢？初一見面時的吉祥話與禁忌……等基本常識。

最後再將孩子寫好的春聯布置好，邀請其他小朋友來欣賞，熱鬧的結束一堂課，你就會看到一張張喜形於色的小臉洋溢著春天呢！

星星好像穿著舞衣

月亮好像穿著禮服

1. 在教室把春天布置起來，和其他班級交流分享，整個學校頓時喜氣洋洋呢！

2. 春神來了誰知道？寫字畫畫來昭告！

小朋友寫的春聯，春天不請自來！

小手札 Notes

孩子們的書法還沒練好，春聯一定寫得不好看？可是好就好在剛學，字體的天真還在，剛好生動的表現春天的趣味！成人就表達不出這種失去已久的純真。大人的主觀世界，往往在無形中限制了孩子的創意想法。如果每年春天，每班都有「春天」的分享，學校將是多麼喜氣可愛繽紛啊！從「春天的分享」還可以延伸出音樂課「春天的歌聲」、自然課「春天的新發現」……。

137

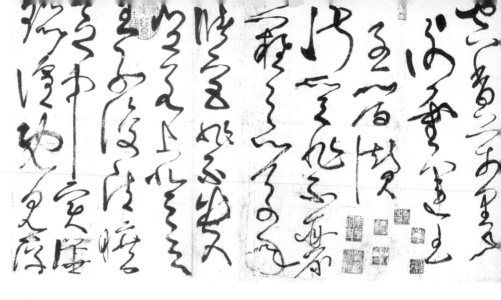

一氣呵成的狂草之美——張旭＆懷素

書法是中國文化中特有的藝術，其中我最欣賞的是唐朝的狂草。

這種書體，就是那種書寫起來線條轉來扭去，像從天上飛來一筆，讓人充滿想像力卻不容易看懂在寫什麼，必須用生活的體悟去欣賞、感受，才能理解白紙上那線條所隱含的情緒與張力。但整個書寫的畫面就像圖畫般，隨著個人的內涵和美感素養來自由表現。這可不是亂寫的喔！沒有功力可寫不出這樣一氣呵成、變化莫測的文字呢！簡直到了出神入化的境界。人稱這是書法中的表現主義，將書法的藝術性發揮到極致。

草書最具代表人物是唐朝的張旭和懷素，人稱「張顛醉素」。張旭非常愛喝酒，性情豪爽狂放不羈，往往酒醉後手舞足蹈隨興揮筆，非常有個性。歷史上曾記載他用頭髮沾墨寫字非常瘋狂，所以當時的人稱他「張顛」，但他可是才華洋溢、學識淵博呢！而且對人非常慈心，他的鄉親家裡窮困，寫信請他幫忙，他回信說：「你只要將我這封信拿去賣，說是我寫的。」果然他那封信一下子就被搶購。張旭的字，以草書最有成就，史稱「草聖」。

另一位狂草大書法家叫懷素。懷素小時候家裡很窮，便出家當和尚，因為買不起紙張，就用木板塗上白漆寫字。後來，又在寺院附近的芭蕉林取下芭蕉葉，臨帖揮毫，因為懷素沒天沒日的寫字，摘下的芭蕉葉總會用完，於是乾脆帶了筆墨站在芭蕉葉前書寫，功夫就這樣練了出來，「芭蕉練字」說的正是懷素。西元 777 年《自敘帖》是懷素在醉意中寫下的狂草傳世作品，是一篇關於自我介紹及學習書法的經過，以及當時文人對他讚賞的文字，他的書法豪情奔放，有如飛鳥出林，下筆有輕有重，節奏分明，像是充滿動感的音樂旋律，讓人看了身心舒暢。

《肚痛帖》
張旭 唐 618 ～ 907 年
41×34cm
此石北宋 1058 年摹刻。

P138-139 書法名帖圖
© 悠遊山城．樹玫瑰．庭園美食 @flickr

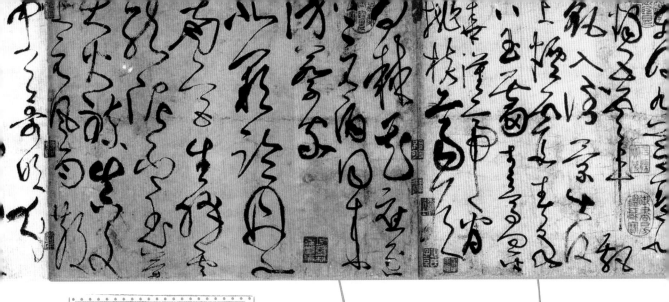

《古詩四帖》

張旭，唐 618 ～ 907 年
28.8×192.3cm
中國遼寧省博物館

張旭的草書自成一格，字與字之間有疏有密有輕有重，整幅作品自成氣勢。

狂草講究一氣呵成，又稱「一筆書」，筆勢相連卻狂放，字形常隨意轉而多變化。

藝術家張金蓮的扇面書畫：看見無異的日子，無異的天空，無異的月色，無異的一顆心。

《自敘帖》

懷素，唐 777 年
28.3×755 公分
中華民國故宮博物院

懷素的《自敘帖》以細毫揮灑，轉折圓潤、收筆有勁，連綿的氣勢渾然天成。

21 仲夏夜之夢

黑夜的精靈——我變成一隻「蟑螂」

準備中

1. 紙張＝全開紙張（或宣紙），每人一張。
2. 工具＝鉛筆、畫筆或刷子、墨汁、水彩或廣告顏料、投影機（或大的手電筒）。
3. 音樂＝幽靜、明朗的音樂皆可。
4. 延伸閱讀＝《變形記》，木馬、麥田。
5. YouTube 影片搜尋關鍵字＝卡夫卡變形記。

若正值下學期末，炎炎大熱天，晚上回到家若在冷氣房裡、或大樹下睡個清涼好眠，那感覺一定好極了。但是，如果你睡醒後發現你不是你，可能醒來發現自己變成一隻豬，有一個大大的鼻子，用四隻腳走路還發出呼嚕嚕的聲音，或變成一隻大蟑螂，那會多驚嚇可怕啊！爸爸媽媽妹妹全都不認識你，看到你只會尖叫，或踢你、打你……天啊！這實在是很悲慘的世界。

卡夫卡是一個很有名的捷克作家，他在 1915 年發表了一篇小說《變形記》，就是描寫這種情境：一天醒來發現自己變成一隻大甲蟲，主管和爸媽來敲他的門要他去上班，開門後卻被他變形的樣子嚇壞了，只有妹妹還會照顧他，給他牛奶和發霉的麵包，久而久之，他也覺得自己越來越像大甲蟲一般喜愛這些

©Autor@Wikimedia Commons

©Nico Paix@flickr

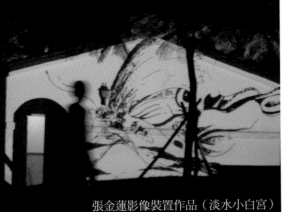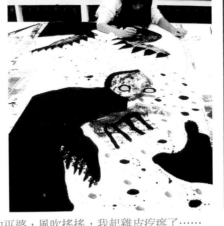

張金蓮影像裝置作品（淡水小白宮）

走在黑黑的夜裡，大樹變了形，像個詭異的巫婆，風吹搖搖，我起雞皮疙瘩了……

腐壞的食物。爸媽也不覺得這隻大甲蟲會是他們的兒子，有時還用蘋果屑丟他，有一次，水果屑還卡在他身上引發了細菌感染，可憐的主角就這樣沒人理睬終於慢慢病死……家人還很高興少了這隻巨蟲的負擔呢！還好這是一場夢。

小朋友，如果你是主角你的心情會怎樣呢？

這堂課，我們可以從戲劇引導，老師可以準備一些不同情緒的音樂（憂傷的、快樂明朗的）讓孩子發表，想像自己醒來變成了什麼，接著再體會一下小昆蟲、小動物的心情，蟑螂、蚊子、青蛙、狗、貓……請小朋友一個個上台演練一小段，還可讓兩隻動物對話聊聊天。

「當我不再是人類，變成了一隻蚊子，我為了生存，冒著生命危險去覓食吸血。唉！我也是為了我的小寶寶啊！我要東飛西飛地閃躲人們無情的攻擊。啪！一聲我便死於非命！」

「我是一隻蟬，在黑暗的地底生存好幾年，就等待著從泥土裡爬出向陽的一天啊！吱吱吱－吱吱吱──我的愛我來了，向陽的生命是如此短暫！吱吱吱──」

「我醒來變成我媽媽了，怎麼辦家裡有兩個媽媽，哎！當媽媽還真辛苦，要上班，下班後還要做很多家事，還要管小孩功課，還要一早起床送孩子上學……原來媽媽都是女金剛。」

 卡夫卡小檔案

生於捷克的猶太人法蘭茲・卡夫卡（Franz Kafka），是20世紀的天才作家。當時他所處的環境，處處瀰漫著反猶太人情結，人人無法自保，你身邊的人隨時會莫名的被警察帶走而一去不回，人們呼吸著恐懼的空氣；加上卡夫卡有一個非常嚴厲且具批判性格的父親，他無法欣賞自己的兒子，對他只有鄙視與嘲諷，讓卡夫卡從小對人性充滿困惑和質疑，從他那內斂陰鬱的眼神和寡言，可想而知卡夫卡的處境困難，他活在一種對父親既愛又恨又矛盾又有罪惡感的情結裡，還好他對文學充滿興趣，寫作變成他的精神出口。他的作品往往沒有制式的解答，反而是讓讀者游走在自己的現實和潛意識時空，發人深思且獨創一格。

看我的！小小創作家

● 將自己的剪影描在紙上，將剪影變身成各種想像的怪物形象。

聊完天，關上電燈睡覺囉！拿出大手電筒或投影機，讓孩子隨著音樂輕輕鬆鬆地扭動身體起舞，暖暖身，釋放因黑暗而緊張的心情。老師則像個燈光師，拿著光製造氣氛，舞完一曲，看孩子都全部放鬆了，這時，讓孩子兩人一組，面對牆壁上早已貼好全開紙張，一個站在燈光前做一個簡單的肢體動作，讓剪影留在紙上，另一人則拿鉛筆描繪人影，完成後兩人互換角色，這樣，每個人都有自己怪怪的人形剪影。

接著打開燈，帶著自己的剪影回到座位上，讓孩子看著紙上的剪影線條開始發想：我像什麼呢？我可以變成什麼？開始進入仲夏之夜的想像，利用墨汁描繪出來。

待孩子完成作品，便讓他們一一上台盡情發揮他們純真的想像力，以怪物的口吻說話：「ㄎㄎㄎ……小心點，別靠近我，我變成一隻大鱷魚，看著我如尖刀般犀利的牙齒，一口把你吞下去……」

這堂課非常新鮮有趣，融合了音樂、舞蹈、肢體、戲劇和文學。看著孩子的各種反應，他們天生好奇心，正是創造力的來源。老師扮演的角色就是啟蒙，適當的刺激他們的感官，孩子從小就愛玩辦家家酒，不斷藉由模仿觀察來發展身心並架構出自己的世界觀，再透過向環境探索演練，讓孩子有機會去看見、觀察其他物種的動作、心情，體會同理心，這會是一堂很好的生命教育及想像力的大發，還順便知道卡夫卡這個大作家呢！

有時讓孩子畫出心裡想像的害怕，孩子才能正視那個害怕，從遊戲、繪畫的過程中便舒緩了害怕的感覺。

22 做了一本書

認識書──從內容到設計的過程

1
要先有會說故事
的作者。編輯和
作者討論書本大
綱、內容。

2
編輯和美編討論書
的版面、封面形式：
有無插圖、圖片、
標題內文格式。

3
編輯、行銷討論
書名、定價、文
案重點。

4
經印刷、裝
訂後，製成
一本書。

5
業務行銷將書
推廣發行到書
店展售。

6
讀者被書的文案、內容
吸引而買書。→這本書
才算有影響力，才能讓
作者繼續下一本創作。

和孩子聊聊書

● 認識一本書從無到有的
　過程、參與的人員。

準備中

❶ 情境布置紙張＝八開圖畫紙（約
六至八張，由孩子決定頁數及
大小）。

❷ 工具＝鉛筆、釘書機、雙面膠、
膠水。

❸ 畫具＝彩色筆。

讓孩子帶一本最喜愛的、或最特
別的書，上台分享，介紹內容。

❹ 音樂＝林姆斯基・高沙可夫：
天方夜譚組曲；普羅高菲夫：彼
得與狼。

❺ 延伸閱讀＝《如何做一本書》，
英文漢聲出版社；《繪本創作
DIY》，雄獅圖書公司；《做了
這本書》，遠流出版。

❻ YouTube 影片搜尋關鍵字＝書
DIY、手工書。

現在的孩子很輕易就能擁有書，但卻不知道
製作書的辛苦過程。透過這堂課，讓孩子了
解書，學習去尊重一本書，也可訓練孩子的
組織設計能力，是個很好的經驗。

課堂上，先讓孩子發表書有哪些種類？他最
喜歡什麼內容的書？……然後再拿出事先準
備好的各式書籍，讓孩子去翻閱觀察、比較，
再介紹書的製作流程。他們會驚訝做書的過
程怎麼這麼繁雜？這是他們無法想像的。

一本書最重要的靈魂人物，就是作者，他可
以用他的文字魔法，讓讀者不知不覺進入另
一片心靈天地。不管是文學、科學、地理、
藝術、醫學、小說、漫畫、童話故事……種
類應有盡有，多到我們可能沒想過，也沒看
過。去一趟書店，就會體會到這是一輩子都

每一本書皆希望透過「吸引人且符合此書特質」的書名、文案、主圖，先吸引讀者目光；再以獨特且清楚的內容簡介，讓讀者知道，這本就是我需要的書。

《千萬不要告訴別人》
童嘉／著，小熊出版

《如果歷史是一群喵》
肥志／編著，野人文化

《手斧男孩冒險全紀錄（10 萬冊紀念版）》
蓋瑞·伯森／著，野人文化

探索不完的領域。

就以孩子最喜愛的童話故事來說，首先一定要有位想像力豐富，又會說故事的作者，他把想的故事內容，用文字描述出來，然後他可以找一位喜歡的插畫家合作，把故事內容轉換成精采生動的插畫，這樣看起書來就會覺得活潑不枯燥。如果作者不會畫畫，也找不到合適的人來畫，那這部分可以交給出版社來處理。

出版社若是看到故事內容很喜歡，決定把它變成一本書，他們會將文字和圖畫結合起來，請美術、文字編輯人員，把故事做一個整體的安排，比如：要和美術編輯溝通用什麼字體？封面、封底的設計？文字放的位置？圖畫安插在哪一頁？文字、

圖畫如何配合？用什麼方式讀者會方便閱讀……？這些設計都需要專門的人員來負責，最後再確認文字、圖案有無錯誤，若無問題就可以送印刷廠印刷。

印刷廠再動用工作人員一起把書印好，裝訂起來送回出版社。出版社再請負責銷售的公司，把書送到全省書店去展售。然後有一天，媽媽在書店看到了，把書買回家送給孩子。

一本書的完成，是經過這麼多人的分工合作才能呈現在讀者的面前，多麼不容易呀！所以應該要好好珍惜每一本書。

1 | 2

1. 自己做書，可以設計各種特別的形狀。

2. 新書發表，好書大家讀！

看我的！小小創作家

● 動手製作手工書，從外觀造型，到內容發想，實際演練一遍。

一百種死法嚇死你，小朋友的書真可愛！

介紹了書的製作過程之後，進入動手做書的引導。首先要孩子先想好，要做一本什麼樣內容的書？

先設計書的外型，三角形、圓形、正方形或不規則的形狀都可以，若想做一本介紹蝴蝶的書，也可以剪成一個蝴蝶的外形。接著再想書的內容，大約需要幾頁？想清楚後，把需要的紙張全部裁好，用釘書機裝訂，就是一本書的簡單雛形。釘好之後，開始設計封面、封底。看孩子想把書名、作者、繪圖者的名字擺在哪裡？決定了以後把它寫上去。然後就是內頁的文字和插畫的編排。要注意整

本書的風格統一性，否則讀者會看得頭昏腦脹。鼓勵孩子不斷去思考，創造不同內容、形式、風格的書，這是很有挑戰性的工作喔！待所有小朋友都完成一本書後，我們可以把教室變書店，把孩子創作的書擺好，大家變成愛書者來書店買書，還可以訪問小作者呢！

小手札 Notes

這堂課讓孩子完成的書，算是「陽春型」的，只需要圖畫紙、釘書機就大致OK，孩子可以在書的造形變化上發揮，比平裝或精裝手繪本容易得多，課程重點是擺在「書」的製作流程及對「書」的整體概念。

每一本書都是結合作者和編輯的心血付出，最後呈現在讀者面前。

1	2

1. 長長的一張紙，摺成我們喜歡的寬度，就是一本摺頁書。
2. 各式各樣美麗的手工書。

手作書DIY

❶ 把白紙準備好，選兩張喜愛的卡片，就可以開始做一本喜愛的筆記書囉！

❷ 將白紙裁成一致大小、對摺，中間穿兩個洞，綁上繩帶。

❸ 封面封底各貼上明信片，當然也可以用我們的畫當封面喔！

❹ 完成圖。

23 圖畫總動員

辦畫展——從作品發表到分享與觀摩

準備中

1. 紙張＝海報紙、明信片大小的卡紙（邀請卡）、裱畫厚卡紙（費用可請學校補助，請裱畫店先行割好紙框）。
2. 畫具＝彩色筆、水彩用具。
3. 收集畫廊寄來的各式畫展請帖、海報。
4. 開幕當天的鮮花、茶點、飲料（可請學校負責或由家長、班費分擔）。
5. 音樂＝韓德爾：水上音樂；莫札特：小夜曲；柴可夫斯基：弦樂小夜曲。

開展囉！開什麼展？當然是我們想讓人家看什麼，分享什麼，就開什麼展。比如：設計師想發表他的服裝設計，就開個「服裝設計展」；玩具店的老闆想介紹新玩具，他們就聯合起來開個「全國玩具大展」；書店想做新書的介紹，就舉行大規模的「書展」，還有恐龍展、花藝展、家具展等……

這堂課要談的是畫展。很多孩子知道畫展，卻不知道它的呈現過程。從引導孩子的第一張畫起，到琳瑯滿目的作品，有機會給孩子發表作品是很重要的，不管是每堂課表述自己的作品，還是學期後集結的展出。

學習要從日常生活裡出發，這是很重要的觀念，若有可能，帶孩子參加畫展的開幕酒會，看過畫展後，再來討論開畫展的流程，學習效果更棒！畫廊和美術館都是提供藝術家們辦展覽的場所，裡面陳列好多藝術家的作品，有繪畫、雕塑、版畫、攝影、陶藝等展示。

如果有一天，我們創作很多想像力十足又具有創意美感的作品，想和大家分享，這時就可以開畫展，聯合大家的作品一起展出，若是自己作品夠多夠豐富，舉辦個人畫展也不錯，都是值得高興和驕傲的事！

展覽會場的布置，要特別留意參觀動線和整體視覺效果。

辦展覽前的準備工作

❶❷ 主角：精采作品、豐富的數量。

❸ 設計宣傳海報，及各式的主題畫展請帖。

❹ 張貼宣傳海報，思考貼哪裡宣傳效果最好。

❺ 畫冊請帖放在明顯位置，放上簽名簿。請簽名！

❻ 布置好會場，等待嘉賓。

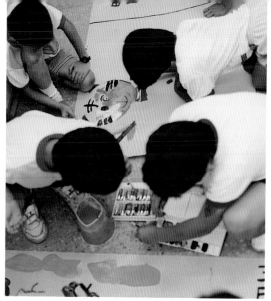

事先的宣傳工作、作品的集結整理、展覽會場的布置、開幕茶會的招待……，辦一個畫展還真是不容易，但我樂意當個小小藝術家。

看我的，開畫展囉！

● 繪製海報、邀請卡、布置展場。
● 招待、引導，和來賓互動。

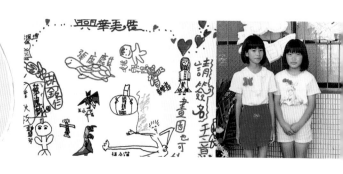

開畫展要準備些什麼呢？這和媽咪做菜的情形差不多。除了好的技巧經驗和適宜的調味之外，媽媽一定要到市場採購許多生鮮食品材料，才能做出一道道色香味俱全的菜。若沒有材料，任媽咪怎麼變也變不出可口的好菜，所以「巧婦難為無米之炊」，就是這個意思。畫展也是一樣，孩子的作品是最重要的「材料」，沒有豐富充足的作品，來賓看了會覺得平淡無趣，就好像吃了一道很難吃的菜。

作品來源沒問題，接著就要找適當的場地將作品陳列出來。在布置會場之前要做的還包括海報、邀請卡的設計製作，參觀者藉由海報和邀請卡，才會知道什麼時間、地點，在哪裡有一個展覽。

在課堂上，讓孩子設計自己的請帖時，可拿出事前收集的畫廊畫家請帖展示，鼓勵孩子去思考自己拿手的美術專長，如：我的書法寫得很棒，就設計一張「張大明書法個展」或「王小飛雕塑展」、「陳琳繪畫展」……別小看這張邀請卡，人家想不想來看展，這張卡扮演非常重要的角色。結合每個孩子的邀請卡，貼在教室門口，也是很好的裝飾！藉由這張卡提供的訊息，請大家告訴大家一起來看展，在發送邀請卡給師長、親朋好友時，也學習了送發請帖的禮儀應對。而在孩子畫海報前，可討論張貼何處較引人注目，以達到宣傳效果。

小手札 Notes

當畫展成功展現那一天,很多家長告訴我:「可惜我們從前都沒有這種老師。」而幾年後的教學,仍有其他家長告訴我同樣的話──是啊!如果沒有,就要去改善,還是傻傻的那句話:「不管別人怎麼想,不計代價與付出,只要想到孩子好,撒一顆種子,便開出一朵花!」我們真的可以創造繽紛的花園!!

別出心裁的邀請卡,引起大家對畫展的好奇。

有了對外的宣傳,接下來就是把畫裱好,一來可以保護作品,二來則能襯出畫中凝聚的氣氛,也讓所有的作品感覺統一而不凌亂。

辦展時可借用學校的展覽空間,展覽會場最好乾淨明朗、光線充足,作品擺設、掛圖位置要流暢,再選些幽靜的音樂,讓來賓一進門就有舒服的感覺。門外擺張長桌,鋪上美麗的桌巾,請幾位小畫家當招待,讓來賓簽名。待一切就緒,再準備兩盆鮮花,放些水果、甜點或茶水、雞尾酒,讓觀眾在欣賞畫作之餘,也能享受貼心甜蜜的招待。

裱畫和布置及開幕時的鮮花、茶點,若學生沒有多餘時間,可請家長一起幫忙(如家長一人一道茶點)。我們在學校裡就可以辦一個像畫廊般,正式又有聲有色的畫展,同時又可學到很多開畫展的相關事宜,這也是另一種收穫,真是一舉數得。

開幕當天,孩子們穿著整齊,在門口招待……再配上一個親手設計的名牌,寫上自己名字,成為一個出色的小小畫家。

這就是生活教育的學習,並可帶動學校家長、親子、班級、社區的聯誼呢!

來來來,發現書寫之美

2007年台北市立美術館「書寫之美」
兒童教育展教學設計

導覽策畫教學/張金蓮

怎樣才能夠將身體和投影牆上的書法線條結合呢?

特地跟讀者們分享2007年在台北市立美術館舉辦「書寫之美」教育展的引導教學,是因為這個教學設計的準備工作難度不高,老師們可以根據自己的創意發想出適合孩子的教學設計。

當年台北市立美術館舉辦的「書寫之美」教育展,是希望透過展覽讓小朋友對書寫藝術有初步的認識並引發學習動機,體會中華文化特有的文字藝術之美。

一開始先從甲骨文說起,原來四千年前的甲骨文一直都被我們混在中藥材裡吃進肚子裡,一直到清朝才被劉鶚發現呢!隨著張老師的導覽才知道什麼是「蝌蚪文」,篆書的字體起筆圓圓的,再將線條畫下,真的好像蝌蚪的形狀呢!還有「金文」!是指用刀刻在金屬(如大鼎、鐵盤)上的文字,就叫金文。字體簡潔有力,造型簡單又具美感。看到了書法的整個發展,「篆、隸、楷、行、草」的演變過程呢!

然後設計「書寫體勢」表現區,這一區就是要小朋友去用身體體會表現書體之美,而設計了一個大型的地面斜板,並在上面投影了小朋友揮舞彩帶的影像。為什麼要這樣做呢?因為希望小朋友將彩帶當是線條的書寫,去舞動彩帶,體會什麼是「曲鐵盤絲」「輕如蟬翼」般的書法意境。然後讓我們穿上水袖,想像我們是書寫線條的本身,吸氣…吐氣…氣下丹田…說這樣書法才會寫的好,不會心浮氣躁!是啊!若是生氣時,寫字字體一定是兇巴巴的少

了流暢美感。接著,牆上又投射出各種字體的抽象線條,我們藉由投射的燈光,用身體由遠忽近的移動,造成投射牆面上的身體線條忽大忽小,來構圖創造牆上的圖像。原來我們的身體可以做出這麼特別造型的線條呢!好!現在我要做一個狂草般的身體線條囉!

接下來是「文字方塊」遊戲區,這個遊戲區是希望能讓我們對文字、辭意、書體文字之美多加體會,從遊戲中再一次認識什麼是「甲骨、篆、隸、楷、行、草」這些字形特徵。怎麼玩呢?利用唐詩「白日依山盡,黃河入海流,欲窮千里目,更上一層樓」製作成20個文字組合積木,每個積木都有6面不同的字體。可讓孩子5人分組上台,分別找出楷書或篆書或隸書、甲骨文的詩句,還讓我們比賽!看哪組最先排出正確的字體!咦!一下要辨認出不同字體,再組合成詩句,並沒想像中容易呢!讓我仔細瞧一瞧……

最後則是「拓印」遊戲區,石版上有各種凹陷的文字,輕輕刷上特製的白芨水(一種帶有淡膠特性的水),再放上棉紙用刷子輕拍,再將多餘水分吸乾,開始沾墨拓印。這個過程可以讓孩子了解到昔日寫書藝術的演傳及傳播功能,我們平日臨摹的字帖,原來就是用拓印的方式變出來的啊!最後拿了自己親手的拓印開開心心回家,回去還可以跟媽媽分享什麼是「篆、隸、楷、行、草」……

	1		
2	3	4	

1. 文字方塊遊戲區的甲骨文、篆書、隸書、楷書、行書、草書等六種書體，一下要辨識它，要很專注呢！

2. 書寫造型猜字遊戲，讓孩子在玩樂中不知不覺學會字形是怎麼演變的。

3. 拓印一張喜愛的字體，回去考媽媽。

4. 運用身體和黑布揮出如書法般的線條美感。

我的小春天……

到了這個年紀
要看這本書 卻拿了那本書
看到一半 才想起不是要這本
卻又想半天是要那一本？

對兒子說……
「記得洗牙刷臉！」
「天冷了，把腳放在口袋裡！」
「你今天有沒有看米老鼠和唐老鴨！」
「把外套放在林边，
　早上醒來可以吃！！」

天啊～～～

臨睡前問兒子
媽咪是不是很會管你
「是呀！都管我閒事！」
「什麼是閒事？」

「就是飯剩一點點就說 吃掉！
　湯剩一點點就說 喝掉！！」
我笑得好大聲
兒子也莫名的傻傻跟著笑
………

94'

兒子這學期當班長，他是又害羞又高兴又害怕。
一天放學整隊，同學們很吵，老師要他維持秩序
他站在那裏不知所措。
老師就暗示他可以罵同學呀！
想一想，就對著同學罵「王八蛋」！
老師急著說不是這樣啦！
於是又改。「笨蛋」！...「白癡」
這時大家已经笑歪了........

兒子不在時 整個人很放鬆
像逃走了一個最大的麻煩
也掉落了一個最大的寶貝
家裡的空氣變得很寧靜
家裡的空氣變得很思念。
覺得兒子像顆小彈珠
　　　到處丟來投去 〰〰〰
覺得兒子像個小仙子
　　　到處彈奏樂符 ♩♪♫♪
腦袋 像彩虹般的爆炸
腦袋爆炸像彩虹般

義務到學校幫孩子上美術課
下課後
兒子在我身旁得意的說
「強強 說他好想有一個像我一樣
的媽媽。喔！」
記得小時候我也常常希望別人的媽媽
是我的媽媽。
沒想到現在變成別人的希望——
我攬著強強 用心說 我願意！♡

在期盼下,收到了銅工廠寄來的銅作.

工作.其實會讓我興奮——尤其是自己所深深熱愛的創作.

沒想到成品和心想的有許大的差距

心情沈悶的大叫一声.講不出自己給予自己的壓力

淚水不禁流下來

兒子聞聲關切的跑來

掩不住抱着他請他安慰.脆弱的媽ㄟ

小手真的很認真的拍撫着我,問我為什麼流淚

媽ㄟ喃喃的告訴他起.落原因.还有对工作要有

基本的尊重和態度‧‧‧‧‧也不管七歲的孩子懂不懂

兒子一直很專心的听.接着說「工廠不可以那麼不專心

和草率 对不对!」 我不知道他怎麼会用草率2個字

‧‧‧‧‧‧‧.

抱着他.一双小手安撫了媽媽的心

是在暗夜的微風中, 很安靜的路灯下——

故意問孩子

　你愛我多久?

　　「十年啊!」

　♥你才愛我10年而已喔!‧‧‧‧☺

「可是~我現在才10歲啊!!」無辜状—

　‧‧‧‧‧嗯!!‧‧‧‧‧

睡前‧‧‧‧‧

「說句甜蜜的話給媽咪听」

『什麼是甜蜜的話?』

「比如:你是我最親愛的夾心巧克力」

『嗯!‧ 嗯.你是我最最親愛的小玫瑰——』

「♥ ♥ ♥

　‧‧‧‧‧ 」

这是我活到現在最最好听的話了‧‧‧‧‧

　　夜.變成甜蜜的紅色

　　我摟着小玫瑰進入夢鄉

96

兒子一直害怕死亡,勿寧説他是害怕我的死亡而失去我...他才八歲
那夜入睡前我照例的擁抱親吻他.
突然,不知從那來的情緒,夢毛兒子對着我哭了起來
「媽咪,妳不能先死掉喔!」『放心,你没長大别别不會死』
但他還是不放心的繼續哭泣着,
『死亡也可以很快樂的啊』～～更大聲的哭了
『這些樹這麼大.那些花那麼美,就是從前從前阿祖
埋在土裏變成養分讓花呀,樹呀,吸收它們才長得那麼好...』
『如果有一天爸爸死了.我們把他埋在橘子樹下.橘子就會變得
又大又甜.這時客人來了,我們摘下橘子説"謝謝爸爸"
向樹一鞠躬.朋友一定覺得很好笑......』——ㄅㄟ一聲
夢毛兒子笑了.『如果這時有隻乳牛來吃草.因為草也有爸爸
的營養.所以長了很多香濃的牛奶,我們喝牛奶時也説"謝謝爸爸"
......兒子似乎開心了.接着説"摘一顆蘋果,謝謝爸爸"
「摘一根香蕉,謝謝爸爸」,「摘一朵花,謝謝謝爸爸」........
那天夜裏我們母子笑得好開心啊!!

　　　　　呔寂寞的夢毛兒子

這張圖是媽媽最後的母親節禮物,一
切因為他,才有這本書,畫中是孩子
印象中小時候上課的媽媽,拿著各式
道具教學起舞,後面還有一顆溫暖的
太陽。(許崴／畫)

來玩吧！

把藝術變成孩子最愛的

23堂遊戲課

線條愛跳舞　　　紙箱變迷宮
跳出五感統合、肢體律動感　　玩出右腦創意、左腦邏輯力

國家圖書館出版品預行編目資料

來玩吧！把藝術變成孩子最愛的 23 堂遊戲課：
線條愛跳舞，跳出五感統合、肢體律動感；紙
箱變迷宮，玩出右腦創意、左腦邏輯力 /
張金蓮著 -- 三版 -- 新北市：野人文化出版：遠
足文化發行，2020.09
　　面；　公分 --（野人家；129）

　　ISBN 978-986-384-456-3(平裝)

　　1. 美術教育 2. 小學教學

523.37　　　　　　　　　　　　　109013484

野人文化
官方網頁

野人文化
讀者回函

來玩吧！把藝術變成孩子最愛
的 23 堂遊戲課
線上讀者回函專用 QR CODE，你的
寶貴意見，將是我們進步的最大動力。

野人家 129

作　　者	張金蓮

野人文化股份有限公司		讀書共和國出版集團	
社　　長	張瑩瑩	社　　　　　長	郭重興
總 編 輯	蔡麗真	發行人兼出版總監	曾大福
責任編輯	蔡麗真	業 務 平 臺 總 經 理	李雪麗
專業校對	魏秋綢	業務平臺副總經理	李復民
行銷企劃	林麗紅	實 體 通 路 協 理	林詩富
封面設計	16設計	網路暨海外通路協理	張鑫峰
內頁排版	16設計、洪素貞	特 販 通 路 協 理	陳綺瑩
		印　　　　　務	黃禮賢、李孟儒

出　　版	野人文化股份有限公司
發　　行	遠足文化事業股份有限公司
	地址：231新北市新店區民權路108-2號9樓
	電話：（02）2218-1417　傳真：（02）8667-1065
	電子信箱：service@bookrep.com.tw
	網址：www.bookrep.com.tw
	郵撥帳號：19504465遠足文化事業股份有限公司
	客服專線：0800-221-029
法律顧問	華洋法律事務所　蘇文生律師
印　　製	凱林彩印股份有限公司
初　　版	2014年10月
二　　版	2018年9月
三　　版	2020年9月

你是大便還是種子？

大便？種子？傻傻分不清楚！
兼具科學和藝術美感的超逗趣生態繪本

★獲選「中小學生優良課外讀物推介」
★獲選「好書大家讀──優良少年兒童讀物」

◆小種子一點都不起眼，但各有各的「超能力」！

故事從餓到昏頭的黃金龜開始，牠錯把小種子當作便便丸來啃，結果嘴巴痛死啦。接著，這顆渺小的「種子」化身成書中的主角，親自現身說法，講述種子們的成長故事，趕快來看看它是如何介紹自己的！

李潤珊◎著
尹嘉玄◎譯
精裝／全彩

地震跑跑跑?! 從為什麼到怎麼辦，安全避難小百科

啊！發生可怕的大地震了！
可是爸爸媽媽不在身邊，你會保護自己嗎？

★★最實用的防災繪本★★

◆兼具科學知識、藝術美感的實用避難繪本
◆書末附「地震救難包」收納遊戲

這本書模擬了地震發生前、發生後，我們可以預防以及自保的方法，讓孩子即使獨自一人，也不怕！

申東京◎著
尹嘉玄◎譯
精裝／全彩

漫畫版世界偉人傳記【燙金精裝版】 愛迪生+貝多芬+萊特兄弟+居禮夫人+南丁格爾+諾貝爾+伊莉莎白女王

日式漫畫風格 × 專業人士監修足跡地圖
× 學習小教室 × 勵志金句

讓孩子向偉人學習：創新！熱情！
挑戰！毅力！仁愛！和平！膽識！

透過有趣生動的漫畫版偉人傳記，提升孩子閱讀的欲望、認識偉人的生平，並讓孩子自然而然學會最重要的品德！

【本書特色】
· 每一本皆有豐富的小知識延伸閱讀，以多元圖表、真實照片輔助，讓孩子更深入瞭解偉人們當時的生活，以及影響世界的成就。
· 整理偉人的世界足跡地圖、生平年表，一目瞭然記住偉人的重大事件！
· 精選名言佳句，拓展孩子的價值觀、激勵孩子努力學習！

迎夏生／吉田健二／
小林可多入／Takahashi
Mamoru／坂本 KOU／
文月鐵郎◎漫畫
黃瀞瑤◎譯